BEI GRIN MACHT SICH IHF
WISSEN BEZAHLT

- Wir veröffentlichen Ihre Hausarbeit,
  Bachelor- und Masterarbeit

- Ihr eigenes eBook und Buch -
  weltweit in allen wichtigen Shops

- Verdienen Sie an jedem Verkauf

Jetzt bei www.GRIN.com hochladen und kostenlos publizieren

Bibliografische Information der Deutschen Nationalbibliothek:

Die Deutsche Bibliothek verzeichnet diese Publikation in der Deutschen National-
bibliografie; detaillierte bibliografische Daten sind im Internet über http://dnb.d-
nb.de/ abrufbar.

Impressum:

Copyright © 2016 GRIN Verlag, Open Publishing GmbH
Druck und Bindung: Books on Demand GmbH, Norderstedt Germany
ISBN: 9783668334861

Dieses Buch bei GRIN:

http://www.grin.com/de/e-book/342156/frei-demokratische-schulen-in-deutschland-
eine-loesung-fuer-die-bildungskrise

Sandra Stockham

Frei Demokratische Schulen in Deutschland. Eine Lösung für die Bildungskrise?

GRIN Verlag

GRIN - Your knowledge has value

Der GRIN Verlag publiziert seit 1998 wissenschaftliche Arbeiten von Studenten, Hochschullehrern und anderen Akademikern als eBook und gedrucktes Buch. Die Verlagswebsite www.grin.com ist die ideale Plattform zur Veröffentlichung von Hausarbeiten, Abschlussarbeiten, wissenschaftlichen Aufsätzen, Dissertationen und Fachbüchern.

Besuchen Sie uns im Internet:

http://www.grin.com/

http://www.facebook.com/grincom

http://www.twitter.com/grin_com

Fachhochschule Frankfurt – University of Applied Sciences

Bachelor-Thesis

Frei Demokratische Schulen als Lösung für die Bildungskrise

Inhalt

1 Einleitung

Ich schreibe meine Bachelor Thesis über Frei-Demokratische-Schulen, meinen Blick richte ich in der folgenden Arbeit speziell auf Sudbury-Valley-Schools. Ich habe mich für diese spezielle Form der reformpädagogischen Schule entschieden, da ich bei meinen Recherchen zum Thema Bildung in Europa auf dieses Konzept und seine Verbreitung auf der ganzen Welt aufmerksam wurde. Da ich mich schon seit einiger Zeit mit der traditionellen Schule und reformpädagogischen Bildungskonzepten auseinander setze, war ich von diesem Konzept überrascht. Im Zuge der Auseinandersetzung mit der Arbeitsweise der Sudbury-Valley-School stellte sich mir die Frage, ob diese pädagogische-Bildungsform die Lösung für die momentanen Probleme des Bildungswesens sein könnte: Erscheint es als möglich, dass Inklusion und Integration in diesem Frei-Demokratischen-System gut umsetzbar wären? Welche Vorteile und Nachteile hat diese pädagogische Methode für ihre Adressaten? Ist Frei-Demokratische Erziehung eventuell die einzige Möglichkeit, die Rechte von Kindern umzusetzen? Und was kann Soziale Arbeit leisten, um diese Form der Pädagogik zu unterstützen? Ist es wirklich erstrebenswert, Kinder Frei-Demokratisch zu erziehen und zu bilden? Diesen Fragen werde ich in meiner Thesis auf den Grund gehen. Um das Thema von allen Seiten beleuchten und hinterfragen zu können, werde ich Fachliteratur, Internetquellen und Experteninterviews hinzuziehen. Ziel dieser Thesis ist es, unser aktuelles Schulsystem mit dem Konzept der Frei-Demokratischen-Bildung zu vergleichen. Die zentralen Gesichtspunkte sind Partizipation im Kontext Schule, Erwerb von Wissen und Bildung sowie die Rechte von Kindern. Demokratie und die Rechte des Einzelnen stehen in dieser pädagogischen Bildungs- und Erziehungsform im Vordergrund. Genau an diesem Punkt sehe ich eine der wichtigsten Schnittstellen zur sozialen Arbeit, denn unsere Profession verpflichtet uns dazu, das Wohlergehen der Kinder und Jugendlichen aufrecht zu erhalten und zu fördern. Dies ist in einem Bildungs- und Erziehungssystem, welches auf Herrschaft geprägten Strukturen beruht, allerdings höchst zweifelhaft. Unser bestehendes Schulsystem erwartet funktionierende, normative Kinder und Jugendliche, die sich dem System unterordnen. Dieses Bildungssystem sortiert gnadenlos aus, es kommt zur Ausgrenzung von Schülerinnen und Schülern und die Grundrechte der Kinder werden missachtet. Zu dieser Überzeugung kam beispielsweise die Autorin Franziska Klinkigt in ihrem Buch „Wer sein Kind liebt...". Sie erläutert am Beispiel von Mobbing sehr überzeugend ihre These der strukturellen Gewalt in Schulen. Ist Mobbing möglicherweise die Reaktion der Schüler auf ein System, welches sie als gefährlich empfinden? Bedroht Schule den Selbstwert, die Würde, die Integrität, die Freiheit, das Selbstvertrauen und die Selbstverwirklichung von Schülerinnen und Schülern?

(vgl.Fransiska Klinkigt, Wer sein Kind..., S. 15) Wenn diese These zutrifft, verstößt die klassische Schule gegen Menschen- und Kinderrechte.

2 Frei-Demokratische-Bildung und Antipädagogik

In der Fachwelt wird immer wieder über die Möglichkeiten dieser Bildung diskutiert. Hierbei ist man sich jedoch sehr uneinig darüber, ob sich Kinder frei bilden können. Hinzu kommt, dass in diesem Diskurs Antipädagogik immer wieder mit „laissez fairer" und „antiautoritärer Erziehung" auf eine Stufe gestellt wird. Dieser Vergleich ist deshalb unzureichend, da Antipädagogik sich von dem Erziehungsgedanken vollkommen frei macht und die Kinder und Jugendlichen als „ebenwürdige" Menschen mit den identischen Rechten wahrnimmt und jegliches Machtgefälle ablehnt. Wenn man bedenkt, dass in den vergangenen Jahren unser staatliches Schulsystem einen ganz anderen Weg verfolgt hat, welcher in Richtung strenger, schneller, einheitlicher abzielt – dorthin tendiert nach Bertrand Stern (2008) nämlich die Diskussion der Öffentlichkeit – wird schnell klar, dass dieses Thema bis heute nicht an Aktualität verloren hat. Das Gegenteil ist der Fall: Die Diskussion um die Bildung unserer Kinder ist stark entbrannt und häufig von Angst getrieben. Aktuell besteht immer noch kein Konsens darüber, ob das Konzept der freien Bildung „gut" ist für die Entwicklung unserer Kinder. Daher werde ich in diesem Abschnitt auf die lange Geschichte der Antipädagogik und der Frei-demokratischen-Bildung eingehen. Die Antipädagogische-Bewegung entstand in den 1970er Jahren, leider ist sie nie wirklich populär geworden, was sicherlich auch mit der Fehleinschätzung zusammenhängt, es würde sich um antiautoritäre Erziehung handeln. Der Begriff Antipädagogik wurde durch das gleichnamige Buch von Ekkehard von Braunmühl 1975 geprägt. Er nimmt in diesem Buch eine Position ein, die sich von jeglicher Erziehung absetzt: Sein Buch ist ein Plädoyer dafür, die Erziehung als solche vollkommen aufzugeben. Wenn man den Ansatz der Antipädagogik also konsequent durchdenkt, gelangt man zu der Sichtweise, das jedes Kind selbstbestimmt tun und lassen kann, was es möchte, solange es durch sein Handeln nicht die Freiheit, Unversehrtheit oder Entfaltung eines Anderen stört. Das Ziel der Antipädagogik ist es, die Individualität jedes Kindes zu akzeptieren und ihm die Freiheit zu lassen, die es braucht, um sich zu entfalten und heranzuwachsen. Diese pädagogische Ausrichtung sieht das Kind als intelligenten, sich selbst regulierenden Menschen und entgegen der gängigen Erziehungsmodelle spricht sie den Kindern nicht die Verantwortung für das eigene Handeln ab. Eltern und Pädagogen, die diese pädagogische

4

Form des Umgangs mit dem Kind wählen, sehen sich oft mit dem Vorurteil konfrontiert, sie seien zu faul um die Kinder zu erziehen. Dies trifft allerdings gar nicht zu. Mit Kindern antipädagogisch zu Leben ist für die Erwachsenen nicht bequemer oder einfacher. Es erfordert ein hohes Maß an Selbstkontrolle und Selbstreflektion, so wie jede Menge Gespräche auf Augenhöhe. Die Antipädagogik fordert einen grundlegenden Paradigmenwechsel: Grundlegend geht es um Aufgabe und Anspruch, die Zukunft des Kindes leiten und lenken zu wollen. Die Bezugspersonen müssen ihre permanente Erziehungsbereitschaft aufgeben, sie müssen sich von dem Gedanken befreien, sie wüssten, was „das Richtige" für die Kinder ist. Die Erwachsenen müssen lernen, Rückschläge und Fehlschläge der Kinder auszuhalten und diese nicht zu verhindern, da sie zum natürlichen Lernprozess gehören. Viele Fachkräfte und Eltern sind der Meinung, dass Kinder eine Art Gefäß sind, das Erziehung und Füllung mit Wissen bedarf. Sie sehen in der Antipädagogik die Gefahr der Verwahrlosung und des Versagens, was durch die fehlende Vermittlung von Werten und Bildung erst Zustande kommt. Sie zeichnen ein Horrorszenario von kleinen Wilden, die Anarchie und Zerstörung proben. Anhänger der Antipädagogik hingegen gehen davon aus, dass jedes Kind einen natürlichen Wissensdurst und Selbstregulation mitbringt. Sie sind sich darüber im Klaren, dass alle Menschen und damit logischerweise auch Kinder, „Gutes und Schlechtes mitbringen". Die sogenannten Lernprozesse verstehen sie nicht in dem Sinne als etwas, dass man künstlich erschaffen und möglichst autoritär vermitteln muss: Sie sehen es als natürlichen Prozess des Lebens und der Demokratie. Würde man eine Umfrage starten, ob Kindern die Menschenrechte zustehen und ob sie ein Anrecht auf Achtung ihrer Person haben, so würden die meisten Menschen wahrscheinlich beide ebengenannten Fragen mit ja beantworten. Wenn man die selben Menschen nun fragte, ob sie Erziehung für notwendig hielten, wäre die Antwort ebenfalls ja. Wie passt das nun zusammen, wenn man nach „antipädagogischen" Standards diese Fragen beleuchtet, schließt das eine das andere aus. Letztendlich plädiert Antipädagogik doch nur für eine Achtung der vollen Rechte für alle Menschen, unabhängig von Alter, Geschlecht oder Herkunft. Warum also gestaltet sich der Paradigmenwechsel so schwer und dies, obwohl das Thema in der Bildungsdebatte neu auflebt? Wird es trotz indirekter Verankerung in den Bildungsplänen der Bundesländer immer wieder im Keim erstickt, oder nur halbherzig verfolgt? Selbst in der Hirnforschung kam man zu dem Ergebnis, dass Kinder die größten Bildungserfolge erzielen, wenn man sie „einfach machen lässt", wenn sie ausprobieren und testen dürfen. Auch wenn es nach Außen hin den Anschein macht, die Kinder würden nur spielen oder gar faul rumliegen, ist in diesen Situationen mit unerwarteten Lernergebnissen zu rechnen. Über die Korrektheit dieser

Erkenntnisse ist man sich in der Fachwelt mittlerweile einig. In den Projekten zur Partizipation und Demokratiebildung sind sehr eindeutige Parallelen zur Antipädagogik zu finden. Dies wird allerdings von den ausführenden Fachkräften, wie beispielsweise Erzieherinnen in Kindertagesstätten, meist nicht so gesehen und leider auch häufig nicht so umgesetzt. Dies liegt wahrscheinlich auch daran, dass in der Fachliteratur zur Partizipation fast immer noch von der Erziehungsbedürftigkeit der Kinder die Rede ist. Nun hat vor über 40 Jahren der „Vater der Antipädagogik" Ekkehard von Braunmühl seine Ansichten zum Bild des Kindes kundgetan und die Antipädagogik als neue Methode eingeführt. Schon Jahrzehnte davor jedoch gab es einen ähnlichen Ansatz von Janusz Korczak, der nebenbei bemerkt, zum Standardunterricht in der Erzieherausbildung gehört. Und trotzdem hat sich die Antipädagogik nie ganz durchgesetzt: Sie wird häufig für absurd, weltfremd und nicht praktikabel gehalten. Trotzdem ist diese Erziehungsmethode, gleich welchen Namen man ihr geben will, in den letzten 40 Jahren nie ausgestorben. (vgl. Unerzogen, 3/15, S. 10ff)

Setzt man sich mit der freien Bildung auseinander, so kommt man an Oskar Negt nicht vorbei. In seinem Buch Kindheit und Schule in einer Welt der Umbrüche beschreibt er ausführlich den desaströsen Zustand unserer Schulen und den Umgang der Betroffenen mit der Fehlersuche. Da unsere Gesellschaft es gewohnt ist, in Richtung Wertezerfall zu denken, ist der Schuldige schnell ermittelt: Die Verfechter der antiautoritären Erziehung allein sind schuld an möglichen Rückschlägen, haben sozusagen Alles zerstört und dieser Umstand konnte trotz aller pädagogischen Anstrengungen nie wieder repariert werden. Da in dieser Art von Gedankengängen meist eine Vermischung von Antipädagogik, sowie antiautoritärer, laisiverrär und frei demokratischer Erziehung stattfindet, werden Reformprojekte von diesen Menschen grundlegend abgelehnt. Wir leben in einer Welt der Umbrüche und des Fortschritts: Standen beispielsweise vor 20 Jahren noch an jeder zweiten Straßenecke Telefonzellen, so benötigt diese heute keiner mehr, denn wir tragen kleine alles Könner in der Tasche spazieren. Vor dem technischen Fortschritt versperrte sich unsere Gesellschaft nicht, betrifft dieser aber das Bildungswesen, scheint für unsere Gesellschaft ein Wandel unerreichbar. Von einer grundlegenden Schulreform distanziert man sich, da zu viel Angst vor Rückschritt, Wertezerfall und Zersetzung der Strukturen herrscht. Die gesamte Welt befindet sich im Umbruch, das System der Erwerbsarbeit stößt an seine Grenzen und trotz alledem verfolgen wir weiterhin eine Bildungspolitik, die möglichst schnell möglichst viel Wissen anhäuft und die Jugendlichen in Studium und Berufsausbildung presst. Negt begründet dies mit der natürlichen Reaktion der Menschen auf solch extreme Wandlungen.

Automatisch entstünde eine Diskrepanz zwischen der Lernbereitschaft der Menschen und den veränderten Verhältnissen. Dies löst bei den Menschen ganz klar Angst und Verunsicherung aus. Dadurch flüchten sie sich nur all zu gerne in alt hergebrachte Strukturen, die vermeintlichen Schutz und Sicherheit bieten. Die letzte große Bildungsreform fand in Westdeutschland zwischen den späten sechziger und frühen siebziger Jahren statt. Zu dieser Zeit waren die Haushalte gefüllt und die Wirtschaft stabil. Somit gab es ausreichend Mittel, die von Oben nach Unten verteilt werden konnten. Einzelne, kleine Gruppen hegen den Wunsch, die Einrichtungen des Lernens und der Erziehung zu verändern und bemühen sich, diesen Wunsch umzusetzen. Auch das Bild des Kindes und seinen Erziehungsbedarf in der Gesellschaft zu verändern zählt hierzu. Doch diese „Verfechter" sehen sich meist ohnmächtig und gelähmt einem übermächtigen System ausgeliefert. Die Aufgabe, die vor uns als Gesellschaft und Fachkräften liegt, ist riesig und trotz einer großen Anzahl an Reformschulen und nunmehr 40 Jahren Erfahrung auf diesem Gebiet, hat niemand eine Patentlösung gefunden. Lehrer, Erzieher, Pädagogen, Sozialarbeiter und Eltern stehen am Beginn eines Experimentalstadiums der Bildung und Erziehung. (vgl. Oskar Negt, Kindheit und Schule in einer Welt der Umbrüche, S. 9ff)

In einer Studie zur Antipädagogik machte Ekkehard von Braunmühl das subjektive Unrecht publik, das Kindern unter dem Deckmantel von Erziehung und Pädagogik angetan wird. Wir wissen heute weniger den je, wie die Zukunft aussehen wird, so wussten in vergangenen Jahrhunderten Eltern noch ungefähr, wie zumindest die berufliche Zukunft ihrer Kinder aussehen wird: Die Kinder eines Bauern im 18. Jahrhundert würden gewiss den Hof übernehmen, somit wussten die Eltern, welche Fertigkeiten und Werte den Kindern mit hoher Wahrscheinlichkeit nahegelegt werden mussten. Durch den fundamentalen Wandel dem wir heute unterliegen, ist dies aber nicht mehr so. Wir leben in einer präfigurativen Kultur und in einer solchen können die Erwachsenen nicht mehr genau erörtern, wie die Zukunft aussehen wird. Demzufolge können die Erwachsenen auch nicht mehr bestimmen oder erklären, wie die Kinder „sein müssen", das heißt, welche Fähigkeiten, Fertigkeiten oder welches Wissen sie benötigen werden. Daher müssen wir für die Kinder eine Umwelt schaffen, in der sie Geborgenheit erleben und sich und ihre Umwelt entdecken können. Wir müssen aufhören ihre Freiheit und Selbstbestimmung zu unterdrücken, denn nur so können die jungen Menschen ihre Eigeninitiative und ihre Fähigkeiten voll entfallen. Wir müssen ein neues Bild vom Kind entwickeln beziehungsweise Akzeptieren lernen. Ein Kind muss nicht mehr auf sein späteres Leben vorbereitet oder nach den Vorstellungen der Erwachsenen geformt werden. Kinder sind

Individuen, die heute, hier, frei und selbstbestimmt leben und Bildung erwerben. Die logische Schlussfolgerung hieraus ist, dass jegliche Fremdbestimmung abgeschafft werden muss. Braunmühl schreibt, dass in diesem Zusammenhang nur eine nette Mutter auch eine gute Mutter sein kann. (vgl. E. Braunmühl, Anti-Pädagogik, S. 8ff) Die Blickweise der Antipädagogen ist am besten über die Sicht auf die Erziehungsbedürftigkeit des Menschen zu erläutern. Alle anderen pädagogischen Thesen und Erziehungsstile sind sich bei diesem Punkt einig: Das Menschenkind bedarf der Erziehung, dies drückt Ernst Lichtenstein so aus „Angelegt sein auf Erziehung" und Heinrich Kupffer veröffentlichte noch 1971 einen Text, in dem er die Erziehungsbedürftigkeit des Menschen als Wesensmerkmal bezeichnete. Er empfiehlt, dass dies in Institutionen stattfinden sollte, damit das Kind dort Führung und eine Anpassung an die Gesellschaft erlebt. Bis heute halten viele Menschen und auch Fachkräfte Erziehung für zwingend notwendig. Die Antipädagogik sieht dies anders: Kindern stehen dieselben Menschenrechte zu wie Erwachsenen, somit sollten sie sich ohne Zwang und Gewalt frei entfalten können. Die Antipädagogik vertraut auf die Selbstregulation der Kinder und sieht sie als Menschen, denen man mit Respekt, Vertrauen und Toleranz begegnen sollte. In der Antipädagogik sieht man das Kind als soziales Individuum, während die gängige Erziehungsliteratur den Überbegriff der Sozialisation „Bedürftigkeit" verwendet. Dies impliziert, dass der Mensch bei seiner Geburt ein asoziales Wesen ist und erst durch Sozialisation und Erziehung ein soziales Wesen wird. Nach Braunmühl steht dem die heutige Realität gegenüber, in der die meisten Erwachsenen Charakterzüge aufweisen wie beispielsweise Egoismus, Neid, Ignoranz, Intoleranz, Habsucht, Herrschsucht, Hass und Angst durchseuchtes Konkurrenzdenken. Dies legt den Gedankengang nahe, dass die gesellschaftlich und wissenschaftlich anerkannten gängigen Erziehungs- und Sozialisationsmaßnahmen ihr Ziel verfehlen. Kann man vielleicht sogar so weit gehen und sagen, dass Erziehung und Beschulung generell einen zerstörerischen Anspruch hegen? (vgl. S 61ff) Das vor 40 Jahren erschienene Buch zur Antipädagogik von Braunmühl hat durchaus einen gesellschaftlichen Entwicklungsprozzes in Gang gesetzt, denn es gibt durchaus Menschen und Fachkräfte, die eine neue Beziehungsqualität im Umgang mit Kindern haben. Aber leider fand dieses Umdenken nicht flächendeckend statt. Selbst in der Ausbildung und im Studium werden die zukünftigen Fachkräfte nur zufällig an das Thema der Antipädagogik herangeführt. Dies hängt zumeist von der Einstellung und dem Interesse der Lehrer und Dozenten ab. Man kann sagen, dass sich die Antipädagogik in den vergangenen vier Jahrzehnten langsam aber stetig auf dem Weg „durch den Sandstein" nach oben befindet. Bleibt zu hoffen, dass wir bald den Durchbruch der Quelle erleben werden. Erste Anzeichen bilden sich im Angebot-Nutzungs-Modell von Andreas Helmke ab. Dieser didaktische Ansatz sieht Schüler als lernende Subjekte und sieht vor, das Lehrer ein Angebot schaffen, mit dem die Schüler frei arbeiten können. (vgl. Unerzogen 3/15, S. 15 ff)

3 Überblick der Struktur des deutschen Schulsystems

In diesem Teil werde ich auf die Entstehung des deutschen Schulsystems eingehen, sowie die Schulpflicht und ihre Ziele beleuchten. Die Grundstruktur des deutschen Bildungswesens wurde durch die föderative Struktur der Bundesrepublik geprägt. Die einzelnen Bundesländer mit ihren individuellen Schulsystemen werde ich kurz erläutern und der Frage auf den Grund gehen, ob es heute nicht besser wäre, ein einheitliches Schulsystem zu etablieren. Die Entstehung der unterschiedlichen Systeme basiert auf den historischen, regionalen, gesellschaftlichen und politischen Bedingungen der Bundesrepublik. Anhand von Fachliteratur werde ich versuchen herauszufinden, inwieweit das Deutsche Schulsystem dem Bildungsauftrag hinsichtlich Chancengleichheit, Integration und Inklusion entspricht. Das Thema Bildung ist meines Erachtens nach in den Letzten Jahren immer wieder in den Fokus der Öffentlichkeit gerückt: Nach der „Pisa-Krise" war es oberstes Ziel, die Bildungssystem für unsere Kinder zu verbessern. Die Regierung führte, mit eher mäßigem Erfolg, G8 ein. Da viele Eltern eine möglichst gute Bildung für ihre Kinder vorsahen, hatten Privatschulen einen regen Zulauf. Über private Finanzierung bekommt diese Elite hier häufig auch eine exzellente Bildung, bei der die Leistung im Vordergrund steht. Auch gibt es viele Schulen mit speziellen pädagogischen Ausrichtungen, hier ist zu hinterfragen ob diese Profile unter den Gegebenheiten immer voll entfaltet werden können. In der Fachliteratur fällt auf, dass es schon einmal eine ähnlich gelagerte Bildungskrise und einen Fachkräftemangel gab. Mitte der sechziger Jahre Reformierte Westdeutschland seine Bildung mit dem Ziel, Bildungschancen von Arbeiterkindern, Mädchen, Katholiken und Dorfbewohnern zu verbessern. Die Schulpflicht wurde auf 9 Jahre Vollzeit Beschulung ausgeweitet. (vgl. Schreck v. Reischach S.49/50) Heute steht unser Schulsystem und die Schulsozialarbeit vor der Herausforderung, Migrantenkinder, Arbeiterkinder bzw. Unterschichtkinder, Flüchtlingskinder und Kinder mit Handicap in ein veraltetes, einheitliches Bildungssystem zu integrieren, das vornehmlich auf die Reproduktion von „gepauktem" Wissen abzielt. So stranden auch heute noch viele Kinder auf der Hauptschule, unserem Auffangbecken für alle, die Ansprüchen und Tempo der besseren Schulen nicht standhalten können und deren Konventionen nicht entsprechen. Die individuellen Begabungen dieser Kinder bleiben häufig unentdeckt und ungefördert. Meiner

Einschätzung nach ist die Trennung der Kinder nach der vierten Klasse hierbei ein durchaus ausschlaggebendes Kriterium hinsichtlich einer „Weichenstellung in Richtung Abstellgleis". Die These, Kinder würden bessere Chancen haben, wenn Sie länger gemeinsam lernten, wird auch häufig in den Fachtexten vertreten.

4 Schulsozialarbeit in Deutschland

Für mich als angehende Sozialarbeiterin ist der Blick auf die Praxis der Schulsozialarbeit natürlich sehr wichtig. Diesen Aspekt werde ich hier beleuchten und ferner mithilfe von Daten und Fakten erkunden, wie stark die Schulsozialarbeit im deutschen Bildungssystem verwurzelt ist. Die Schulsozialarbeit ist in den einzelnen Bundesländern unterschiedlich häufig anzutreffen, an Gymnasien jedoch nahezu gar nicht etabliert. An Hauptschulen und Gesamtschulen gibt es meist einen Sozialarbeiter oder eine Sozialarbeiterin und in manchen Fällen auch ein Team. Zunehmend sind Sozialarbeiter an Realschulen anzutreffen und vereinzelte Angebote gibt es mittlerweile auch an Grundschulen. Was ist Schulsozialarbeit und wie definiert sie sich? Olk, Bathke und Hartnuß beschreiben Schulsozialarbeit als sämtliche fest etablierten, regelmäßige Aktivitäten von Jugendhilfe und Schule, die am Bildungsort der Kinder und Jugendlichen angesiedelt sind und durch Sozialarbeiter und Lehrkräfte zur Hilfe eingesetzt wird. Hollenstein und Tillmann gehen in ihrer Arbeit (2000) auf die Trägerschaften und Ziele der Schulsozialarbeit ein. Im Verständnis von Braun und Wetzel dient jegliche sozialarbeiterische und sozialpädagogische Praxis, die von Fachkräften angeboten wird, dem Zweck, das sozialpädagogische Profilbild von Schulen zu gestalten. Die rechtlichen Rahmenbedingungen, das Arbeitsfeld und die Finanzierung von Schulsozialarbeit werde ich mit Hilfe des Buches „Schulsozialarbeit eine Einführung" von Karsten Speck beleuchten. Des weiteren werde ich der Frage auf den Grund gehen, worin die Aufgabe der heutigen Schulsozialarbeit besteht und wie sie dazu beitragen kann, eine Lebenswelt orientierte Schule zu etablieren. An dieser Stelle ist zu klären, wie multifunktionale Teams an Schulen etabliert werden können und inwieweit Schulsozialarbeit in Deutschland an dem Ausbau von Ganztagsschulen und deren Umsetzung beteiligt ist. Auch werde ich hier herausarbeiten, welchen Auftrag die Schulsozialarbeit hat, inwieweit Schulsozialarbeit ihre Adressaten erreicht und durch ihr wirken Schulalltag und Bildungschancen der Kinder und Jugendlichen verbessert werden kann. Zu diesem Zweck werde ich die Ansätze und Thesen verschiedener Autoren heranziehen.

5 Menschenrechte und Kinderrechte

An Hand des Grundgesetzes beziehungsweise der Schulgesetze unseres Föderalen Systems und der Kinderrechts Konvention werde ich versuchen in diesem Abschnitt herauszuarbeiten welche Probleme und Möglichkeiten es in der Umsetzung einer Bildungsreform gibt. Der Europäische Menschengerichtshof hat die Kinderrechte explizit genannt, und fordert Deutschland schon länger auf diese in sein Grundgesetz aufzunehmen. Dies ist bis dato noch nicht in Gänze erfolgt, gleichwohl aber hat das Bundesverfassungsgericht 1998 anerkannt, dass Kinder ein Anrecht auf Chancengleichheit haben, dies bezieht sich besonders auf Lebens- und Bildungschancen. Grundlegend herrscht Einigkeit darüber, dass jedes Kind ein Recht auf Bildung hat, dies zeigt schon die Schulpflicht in Deutschland. Ziel ist es, allen Kindern die gleichen Entwicklungschancen zu eröffnen unabhängig von Geschlecht, Herkunft und Wohnort. Im 12. Kinder- und Jugendbericht wird gefordert, den Anspruch auf Chancengleichheit, Gerechtigkeit und ein partizipatives Bildungsverständnis zu verankern. In diesem Abschnitt möchte ich herausarbeiten, welche Rechte Kinder haben, und im weiteren Verlauf dieser Thesis herausfinden, ob unser Bildungssystem diese ausreichend unterstützt oder es Bildungssysteme gibt, die der Aufgabe besser gerecht werden. Dies möchte ich mit einem direkten Vergleich tun, es gibt in Deutschland Schulen mit dem pädagogischen Profil „freie Demokratische Erziehung/Bildung" (Demmocratic Education) und diese werde ich mit den Staatlichen Schulsystem vergleichen.

5.1 Schulgesetz

Da wir in Deutschland ein föderales Schulsystem haben, besteht kein länderübergreifendes „allumfassendes" Schulgesetz. Aus diesem Grund werde ich mich hier auf das hessische Schulgesetz beschränken. Im ersten Teil des hessischen Schulgesetzes ist unter § 1 das Recht auf Bildung verankert: Dort steht geschrieben, dass jeder junge Mensch das Recht auf Bildung hat. Auch wird explizit darauf hingewiesen, dass weder Geschlecht, Behinderung, Herkunftsland, Glaube, noch die gesellschaftliche oder wirtschaftliche Stellung der Eltern über die Aufnahme an einer Schule bestimmen dürfen. Im § 2 ist der Bildungs- und Erziehungsauftrag detailliert beschrieben: Die Kinder und Jugendlichen sollen durch die Schulen befähigt werden, unter Berücksichtigung des Grundgesetzes, eigene Rechte geltend zu machen und die Rechte anderer zu achten. Schulen sollen ihren Schützlingen staatsbürgerliche Verantwortung und Demokratie vermitteln. Selbst die christlichen Werte und humanistischen Traditionen sowie kulturelle Werte soll Schule vermitteln. Auch verweist das hessische Schulgesetz auf den Grundsatz der Achtung und Toleranz, der Gerechtigkeit und der Solidarität. Weiter geht es mit der Gleichberechtigung und den Beiträgen von Frauen in der Weltgeschichte. Auch ist es Aufgabe der Schule, die Schülerinnen und Schüler an die Gleichheit und das Lebensrecht aller Menschen heranzuführen. Die Auswirkungen des eigenen und des gesellschaftlichen Handelns auf die Lebensgrundlagen zu verstehen und entsprechend zu handeln soll dann auch noch „nebenbei" vermittelt werden. Ebenso sollen die Jugendlichen auf ihr zukünftiges privates und öffentliches Leben vorbereitet werden. Hier bleibt zu hinterfragen, wie die staatlichen Schulen dies alles umsetzen möchten und mit welcher Qualität dies geschieht. (vgl. PDF Schulgesetz Hessen)

5.2 Grundgesetz

Das Grundgesetz halte ich an dieser Stelle für erwähnenswert, da es für ganz Deutschland gilt und unumstößlich ist. Im Grundgesetz unter Artikel 1 (1) steht geschrieben, dass jegliche staatliche Gewalt zum Schutz der Menschenwürde verpflichtet ist. Im Absatz (2) bekennt sich das deutsche Volk zu den Menschenrechten. Im Artikel 3 (1) und (3) wird explizit darauf hingewiesen, dass alle Menschen vor dem Gesetz gleich sind und niemand wegen seiner Herkunft, Religion, politischen Überzeugung oder seiner Behinderung benachteiligt werden darf. Ich erwähne diese Artikel, da in der Bewegung der freien Schulen und der Antipädagogik häufig genau diese Rechte thematisiert werden. Unter Artikel 7 ist im Grundgesetz das deutsche Schulwesen geregelt. Laut Absatz (1) steht das gesamte Schulwesen trotz föderalen Systems unter staatlicher Aufsicht. Wie und warum man eine Privatschule errichten kann, ist in den Absätzen (4) und (5) geregelt. Diese handelt vom Recht, Privatschulen zu eröffnen und dass diese der staatlichen Genehmigung bedürfen und dem Landesrecht unterliegen. Um einen Genehmigung zu erhalten, müssen die Schulen folgende Kriterien erfüllen: Die Lehrziele und die wissenschaftliche Ausbildung der Lehrkräfte müssen dem Landesrecht entsprechen und es dürfen keine Absonderung oder Sonderrechte für Schülerinnen und Schüler aus Vermögenden Elternhäusern geben. Private Volksschulen dürfen nur genehmigt werden, wenn es sich um Gemeinschaftsschulen, eine besondere Pädagogische Ausrichtung, religiöse Schule oder um eine Schule mit besonderer Weltanschauung handelt. (vgl. Gesetze für Sozialberufe 14/15, S.16 – 17)

5.3 UN-Kinderrechtskonvention

Ich gehe an dieser Stelle auf die Kinderrechtskonvention ein, da sie im Zusammenhang mit Bildung und Schule in Fachkreisen, besonders aber in den Debatten um freie Schule und Antipädagogik immer wieder Erwähnung findet. Der Autor Berdrand Stern und der Verein Krätzä, um nur zwei Beispiele zu nennen, werfen immer wieder die Frage auf, ob unser staatliches Schulwesen gegen die Rechte der Kinder verstößt. In Teil 1 der UN-Kinderrechtskonvention steht unter Artikel 13 das Recht der Kinder und Jugendlichen auf Meinungsfreiheit und Informationsfreiheit festgeschrieben. In Artikel 28 und 29 sind das Recht auf Bildung und die Bildungsziele festgesetzt und definiert. Es wird zudem darauf hingewiesen, dass dieses Recht umgesetzt werden muss, unabhängig von finanziellen Mitteln der Eltern unter der Berücksichtigung der Chancengleichheit. Ebenso sollen moderne Unterrichtsmethoden allen Kindern zuteilwerden. Die Vertragsstaaten stimmten darin überein, dass diese Bildung jedem Kind gerecht werden soll, was bedeutet, jeder Schülerin und jedem Schüler bei der Entfaltung der Persönlichkeit, der Begabungen sowie der geistigen und körperlichen Fähigkeiten zu helfen. Auch wurde in der Kinderrechtskonvention, in Artikel 31, festgelegt, dass jedes Kind das Recht auf Ruhe, Freizeit, Spielen und kulturelle-Teilhabe hat. Wenn ein Kind physisch oder psychisch beeinträchtigt ist, so hat es nach Artikel 39 das Recht auf Unterstützung und Genesung in einer Umgebung, die der Gesundheit, der Selbstachtung und der Würde des Kindes zuträglich ist. (vgl. Gesetze für Sozialberufe 14/15, S. 1251-1260)

6 Bildung in Demokratie und Freiheit

Zu Beginn dieses Abschnittes werde ich zunächst den Begriff „Freie Schulen" in seinen verschiedenen Bedeutungen erläutern. In Deutschen Gesetzestexten werden alle Schulen, die sich nicht in staatlicher Trägerschaft befinden, als freie Schulen bezeichnet. In pädagogischen Kontexten ist zumeist dann von freien Alternativschulen die Rede, wenn damit ein demokratisches Schulsystem gemeint ist. In den Vergangenen 45 Jahren entstanden viele Alternativschulen: Einige dieser Schulen gingen auf die Kinderladenbewegung zurück, andere wiederum entstanden im Zuge der Alternativschulbewegung. Es gibt unter diesen Schulen die verschiedensten pädagogischen oder religiösen Ansätze. Den Blick richte ich in dieser Arbeit allerdings auf die Bildung in Freiheit und Demokratie. Dies knüpft im Ansatz an die bereits erwähnte Antipädagogik an. Frei demokratische Schulen unterstützen sowohl die Selbstbestimmung in der Bildung, als auch die Entscheidungsrechte von Kindern und stellen somit einen Gegenpol zu den öffentlichen Bildungseinrichtungen dar. Im Zuge der Globalisierung wurde unser Schulsystem immer standardisierter und autoritärer: Immer mehr Wissen soll in kürzester Zeit vermittelt werden. Diese Entwicklungen konzentrieren unheimlich viel Macht in das öffentliche Schulwesen. Der Pädagoge Jerry Minz schrieb zu diesem Punkt, man „müsse kein Anarchist sein" um zu erkennen, dass Menschen sich einer sozialen Gruppe zugehörig und in dieser wertgeschätzt und individuell gefördert fühlen müssen, denn nur so kann eine demokratische Gesellschaft gedeihen. Aus diesem Grund ist Minz Befürworter von alternativer Bildung. Er selbst erlebte hunderte junger Menschen, die auf diesem Weg der Bildung beeindruckende Entwicklungen durchliefen: Durch das selbstständige Arbeiten in ihren Interessensgebieten, erwarben sie ein großes Wissen und Verständnis für die Welt. (vgl. Jerry Mintz, Keine Hausaufgaben und den ganzen Tag Pause, S. 10) Demokratie ist ein bedeutungsschwangeres und „großes" Wort, welches sehr häufig gebraucht wird. Dennoch werde ich es an dieser Stelle mit Bezug auf Schule definieren. Das Wort Demokratie steht dafür, dass eine Gruppe von Menschen gleichberechtigt die Macht innehat, Entscheidungen für ihr Leben und ihren Alltag zu treffen und diese auch umzusetzen. Einfach ausgedrückt: Alle an der Schule beteiligten Personen entscheiden gemeinsam, was im Umkehrschluss bedeutet, dass jede Person für sich selbst entscheiden kann, solange diese Entscheidungen keinen unmittelbaren Einfluss auf das Leben der anderen hat. Das Konzept der demokratischen Bildung beruht auf der Grundannahme, dass der Mensch von Geburt an natürliches Lerninteresse hat. Dies ist das Bindeglied zur Antipädagogik, denn in dieser These geht man auch davon aus, dass Kinder nicht erst zum Lernen erzogen werden müssen. Frei demokratische Bildung, egal in welcher Form, ist natürlich kein universales „Heilmittel" und auch nicht von jedem Lehrer, Pädagogen, Mutter oder Vater umsetzbar. Denn Kinder und Jugendliche lassen sich in der Regel nicht übertölpeln und merken recht schnell wenn ihnen Demokratie nur vorgetäuscht wird und beispielsweise Beschlüsse der Schülerversammlung übergangen werden. Die Demokratie an Schulen ist ein sehr fragiles Wesen, welches von allen beteiligten gepflegt werden muss: Wenn Erwachsene die gemeinsame Demokratie nicht authentisch leben, so wird sie scheitern, da jedes Kind mit einem Mindestmaß an Selbstachtung sich nicht einbringen wird, wenn es feststellt, dass ein demokratisches Konzept nicht „echt" ist oder nicht funktioniert. Leider können viele Menschen das Konzept nicht nachvollziehen: Sind sie in ihrem Leben selbst überwiegend machtlos gehalten worden, haben sie meist sehr große Vorbehalte gegenüber dem Konzept der freien demokratischen Bildung. Die unendlichen Möglichkeiten und Entwicklungschancen, die durch die Demokratie entstehen, werden in diesen Fällen nicht erkannt. Die Schülerinnen und Schüler an frei demokratischen Bildungseinrichtungen erlernen Zusammenarbeit, Selbstbestimmung, Eigenverantwortung, Kreativität und vieles mehr. An staatlichen Schulen stellt sich dies anders dar: Es gibt kompetente Lehrer an staatlichen Schulen, die Kindern Themen und Wissen präsentieren und ihre Schülerinnen und Schüler nicht langweilen. Sie engagieren sich für die Kinder und umsorgen sie bis zum Erreichen des Bildungsziels. Dies geschieht an öffentlichen Schulen unter einer Masse bürokratischen Aufwands, der sich über die Jahre auf ein starres Bildungssystem gelegt hat. Befürworter dieser Schulen berufen sich zumeist darauf, dass es notwendig ist, Kindern einen festen Rahmen zu setzen und dass diese Art des Unterrichtens allen Kindern die gleichen Möglichkeiten eröffnen. (vgl. Jerry Mintz, S. 15- 19) Selbstverständlich gab es an einigen staatlichen-Schulen in den vergangenen Jahren auch Partizipation, diese gestaltete sich dort aber meist sehr punktuell in bestimmten Rahmen. Partizipation beschreibt den Handlungsspielraum in einer Demokratie, den der Einzelne und die Gruppe haben. Dies kann die Wahl einzelner Arbeitsgemeinschaften oder das Gestalten des Klassenzimmers sein, kann sich aber auch bis hin zum Mitentscheidungsrecht erstrecken. Es gibt unendlich viele Möglichkeiten, Partizipation oder auch freie Demokratie zu leben beziehungsweise in ein Schulkonzept einfließen zu lassen. David Jahr und Robert Kruschel besuchten verschiedene Schulen, um dem Demokratieverständnis der Beteiligten des Schulalttages auf den Grund zu gehen. Fragten sie nach Demokratie an der jeweiligen Schule, war die Antwort häufig, dass dieses Konzept bereits sehr lange Anwendung im Schulalltag findet. Aber damit war die „Spurensuche" nicht beendet, denn es galt die Frage zu klären, inwiefern diese Demokratie auch gelebt wird. Beiden Autoren fiel auf, dass Lehrkräfte an konventionellen Schulen unter dem Begriff Demokratie etwas vollkommen anderes verstehen als ihre Kollegen an demokratischen Schulen. Während die konventionellen Lehrkräfte Demokratie im Rahmen von Demokratiepädagogik, Sach- und Politikunterricht lehren, leben demokratische Lehrkräfte Demokratie auf unterschiedliche Weise mit der Schülerschaft, dem Personal und den Eltern. An den demokratischen Schulen wird beispielsweise die Organisation des Schullebens in Diskussionen mit Mehrheitsbeschluss ausgehandelt. Hieran zeigt sich deutlich, dass dies vollkommen unterschiedliche Interpretationen von Demokratie in Schulen sind. Unter den Gesichtspunkten Partizipation und Demokratie in Schulen entwickelten sie ein Modell, das vier Gruppen von Schulen unterscheidet. Nämlich unter I Demokratische Schulen an denen die Schulgestaltung Selbstverwaltet stattfindet. Unter II ordnen sie Schulen mit selbstbestimmtem Lernen und fremdbestimmter Schulgestaltung ein, Gruppe III bezeichnet konventionelle Schulen, in denen das Lernen und die Schulgestaltung fremdbestimmt sind und unter IV listen die Autoren schließlich konventionelle Schulen mit demokratischen Elementen. Im Bereich I findet sich ein „bunter Strauß" an demokratischen Schulen auf der ganzen Welt. Da es eine große Vielfalt an Schulen und Demokratieumsetzung gibt, wollten Jahr und Kruschel mit ihrem Model für eine bessere Orientierung sorgen. (vgl. Jahr und Kruschel, Ungezogen 1/15, S. 11-16) Die älteste Schülerdemokratie der Welt ist bereits 95 Jahre alt: Die Summerhill-Schule wurde 1921 von Neil in Deutschland gegründet. Diese Schule ist heute in England zuhause und erlangte dort Weltruhm. Die Times Educational Supplement benannte Neil 1999 als einen der zwölf einflussreichsten Erzieher des 20. Jahrhunderts. Die älteste Schülerdemokratie der Welt beherbergt Schüler vielen unterschiedlichen Ländern. Diese organisieren dort über die Schülerversammlung alle Schulbelange und entscheiden frei, was sie wann lernen wollen. (vgl. unerzogen 1/2008, S. 46) Häufig wird angezweifelt, ob in diesen Settings überhaupt gelernt wird. An dieser Stelle gilt es jedoch zu fragen, was das entscheidende Moment am Lernen ist. Mintz schreibt hierzu, dass es am Wichtigsten ist, Antworten auf Fragen zu finden, die notwendigen Quellen hierfür zu kennen und diese anwenden zu können. Dies kann ein Kind alleine, in einer Gruppe oder gemeinsam mit einem lernenden Erwachsenen tun. An Schulen dieser Ausrichtung erkennen alle beteiligten, dass Freiheit für Kinder wichtig ist. Viel entscheidender jedoch ist die Demokratie. Gelebte Demokratie trägt manchmal paradoxe Früchte: So beschloss die Schülerversammlung der Shaker Mountain School, dass es zwei bis drei Mal pro Woche eine vierzig minütige „Do Class" geben sollte. In dieser Stunde präsentiert jemand allen anderen Schülern ein Thema. Entscheidend ist, dass die Versammlung jedes Jahr erneut hinterfragt, ob diese „Class" bestehen bleiben soll. Gelebte Demokratie versteht die Schule allgemein darunter, Entscheidungen zu treffen, diese zu tragen und in regelmäßigen Abständen zu hinterfragen, ob sie weiterhin angebracht sind. Ich sehe es als sehr wichtig an, Entscheidungen und Gegebenheiten zu hinterfragen, diese zu diskutieren und gemeinsam zu durchleuchten. Das ist meiner Meinung nach der „Treibstoff von Demokratie", denn ohne das Hinterfragen und Überdenken kann Demokratie nicht existieren. (vgl. Minz, S. 55)

7 Sudbury Valley School: Entstehungsgeschichte

Die frei demokratische Sudbury Valley School öffnete 1968 ihre Pforten und besteht, bis zum heutigen Zeitpunkt, bereits seit 47 Jahren. Die Schule wurde von einer kleinen Gruppe gegründet, die sich drei Jahre im Voraus mit der Frage beschäftigt hatten, was Bildung ist und wie eine Schule für ihre Kinder aussehen sollte. Diese Gruppe von Eltern aus dem Großraum

Framingham (USA) hatte dabei eigentlich nicht vor, selbst eine Schule zu gründen. Sie suchten im Jahr 1967 im ganzen Land nach einer passenden Schule, reisten dabei weit, sahen sich viele Einrichtungen an und kehrten letztendlich doch zurück, ohne ihr Ziel erreicht zu haben. Die tiefe Überzeugung, dass die bestehenden Schulformen ihren Kindern irreparablen Schaden zufügen würden, brachte die Eltern dazu, eine Schule zu gründen. An dieser Stelle ist es in meinen Augen wichtig zu bedenken, dass sich all dies in den Vereinigten Staaten von Amerika ereignete. Dort gibt es keine Schulpflicht und jeder darf seine Kinder „homeschoolen". Trotzdem sahen diese Eltern einen Bedarf für eine frei demokratische Schule, damit ihre Kinder frei und in Gemeinschaft mit der Peergroup lernen konnten. Was aber war der entscheidende Unterschied zwischen dieser Gruppe Eltern und dem Rest der amerikanischen Bevölkerung? Es war schlicht und ergreifend das Bild des Kindes: Die Sudbury-Valley-Gründer sahen das Kind als Person an, die vollen Respekt verdient hat. Das klingt im ersten Moment simpel und einleuchtend, doch diese Sichtweise zieht „revolutionäre Konsequenzen" hinter sich her. Denkt und lebt man diesen Gedanken konsequent zu Ende, so ist der Plan des Kindes für seinen Alltag und sein Leben genauso wichtig wie der jedes anderen Beteiligten. Dies ist in den üblichen Schulsettings kaum möglich, da es einen festen Lehrplan gibt. Das heiß, die Lehrkraft tritt morgens mit ihrem eigenen Plan vor die Klasse und stellt mit diesem das Maß der Dinge dar. Die Gründer entwarfen eine Schule, die den Bedürfnissen und der eigenen Bildung der Kinder oberste Priorität einräumt. Die Schule sollte eine Umgebung sein, in der die Kinder ihre Zeit frei einteilen und sich ihre Tätigkeiten frei wählen können. Hierfür musste eine unterstützende Umgebung geschaffen werden: Unter dem Gesichtspunkt des gegenseitigen Respekts und der Gleichberechtigung aller, kamen die Gründer schnell zu dem Konzept der Demokratie. Somit wurde die Demokratie das Fundament der Schule. Zur Schulgemeinschaft der SVS gehören alle Beteiligten: Dies sind die Schüler, Lehrer, Eltern und Pädagogen, jeder hat gleiches Stimmrecht. An dieser Stelle sahen sich die Entwickler der Schule mit dem Bild konfrontiert, das Pädagogen und Lehrer häufig von Eltern haben, denn nicht selten sehen sie Eltern als lästig oder gar als Bedrohung an. Dies sollte in Sudbury Valley nicht so sein. (vgl. Die Sudbury-Valley-School, S. 7-8)

7.1 Konzept und Alltag der Sudbury Valley School

In einer konventionellen Einrichtung findet man in der Konzeption meist einen Tagesablauf, in dem minutiös aufgeführt ist, wann und womit der Tag beginnt und endet. Für die Zeit zwischen diesen beiden Fixpunkten gibt es mehr oder weniger genaue Vorgaben, wer wann und wo zu sein hat und was er dort zu tun hat. Der Freiraum innerhalb dieser starren

Tagestruktur ist je nach Leitbild der Institution unterschiedlich groß. Ich selbst saß häufig in Teambesprechungen in unterschiedlichen Einrichtungen, in denen stundenlang und über Monate darüber gesprochen wurde, wer was und wann zu tun hat, was von den Kindern geleistet werden muss und wie man dies alles am besten dokumentieren und überwachen kann. Wie gestaltet sich das also in der Sudburry-Valley-School? Setzt sich jemand intensiv mit dieser Schule auseinander – sprich er liest viel über diese Schule, studiert die Internetseite und hospitiert sogar einen Tag dort – so bleibt eine Frage bei dem Interessenten dennoch meist offen: „Wie sieht ein typischer Tag für Lehrer und Schüler an der SVS aus?" Die Vorstandsmitglieder und Mitarbeiter der Sudburry-Valley-School haben keine allgemein gültige Antwort auf diese Frage. Es gibt keinen Tagesplan, der den Schülern oder Mitarbeitern sagt, wann sie was zu tun oder wo sie sich aufzuhalten haben. Diese Schule lässt allen Menschen die Freiheit, sich zu entfalten und zu bilden. Da Menschen immer sehr unterschiedlich voneinander sind und die Schule es ihnen gestattet, so zu sein wie sie sind, kommt es so gut wie nie vor, das zwei den exakt geichen Tagesablauf an der Schule haben. Jeder an dieser Schule entscheidet selbst, wie sein Tag aussieht: So kommen manche früh und gehen auch wieder früh, andere kommen spät und gehen auch wieder spät. Dies ist jedoch nicht immer gleich. An manchen Tagen sind bei der Öffnung der Schule schon viele anwesend und stürzen sich in die Arbeit. Am nächsten Tag hingegen bleibt die Schule vielleicht bis zum späten Nachmittag sehr ruhig. Die Menschen in Sudburry-Valley können ihre Aktivitäten frei wählen: So kommt es vor, das einer jeden Tag anders gestaltet, eine andere Schülerin hat eventuell für sich einen Wochenplan entwickelt, wieder andere belassen es über Monate hinweg bei der gleichen Tätigkeit. Jeder einzelne Schüler und jede einzelne Schülerin arbeitet individuell, nach seinem oder ihrem eigenen Rhythmus, also in der Geschwindigkeit, die für das Empfinden des jeweiligen Kindes oder Jugendlichen richtig ist. Dies geschieht vollkommen natürlich und wertfrei: Somit ist niemand ein langsamer Lerner oder eben ein schneller, es gibt keine guten und keine schlechten Schüler. Dieses Konzept ist, wie gesagt, vollkommen wertfrei, ohne Klassenstufen, ohne Semester, ohne Zeitdruck, ohne Leistungsdruck und ohne Prüfungen, womit das Zustandekommen einer starken Gemeinschaft ermöglicht wird. Was aber haben alle an der SVS gemeinsam, wenn doch jeder ganz individuell für sich seine eigene Bildung gestaltet? Die Antwort ist recht simpel: Alle Schülerinnen und Schüler befinden sich auf der Suche nach ihrer eigenen Identität, die ganz individuell und unbeschädigt ist. Diese ganz individuellen Bildungs- und Entwicklungsprozesse machen jeden Bezug zum Faktor Zeit vollkommen unbedeutend. Um die intellektuellen Grundlagen der Sudbury-Valley-School zu erläutern, muss zunächst geklärt werden, warum man eigentlich zur Schule geht. Grundsätzlich geht ein Mensch zur Schule um zu lernen beziehungsweise um sich zu bilden. Wenn das der Sinn von Schule ist, warum funktioniert das Lernen in Schule dann augenscheinlich häufig nicht? Das liegt laut den Verfassern des SVS Buches „eine Sicht auf das Lernen" daran, dass in konventionellen Schulen heutzutage lernen mit unterrichtet werden verwechselt wird. Durch die gesellschaftlichen Entwicklungen der letzten Jahrzehnte ist der Druck auf unsere Schülerinnen und Schüler immer stärker geworden: Sie sollen immer mehr lernen, also unterrichtet man immer mehr Stoff, lässt sie immer länger und härter arbeiten. Lernen ist aber ein Prozess, den „man tut" und nicht etwas, das „an einem getan wird". Bildung ist ein Gut, welches der Mensch sich erschließt, nicht etwas das ihm in Einheiten diktiert wird. Warum lernen Menschen? Die allgemein akzeptierte Antwort ist, dass der Mensch von Natur aus neugierig und Wissbegierig ist. Es gehört ganz natürlich zum Wesen des Menschen, sein Gehirn aktiv zum Denken und lernen zu nutzen. Diese Neugierde und dieser Wissensdurst sind sogar stärker als die großen Triebe Hunger, Durst und Sex. Wenn ein Mensch von einem Thema vollkommen gefesselt ist, vernachlässigt er oder sie alle anderen Triebe, bis diese die Person schlussendlich überwältigen. Wahrscheinlich würde niemand auf die Idee kommen, gesunde Menschen zum Essen zu zwingen oder gar Paare acht Stunden am Tag in ein Zimmer zu sperren, damit diese Triebe auf jeden Fall befriedigt werden. Aber wir sperren Kinder stundenlang in Klassenzimmer und „stecken ihre Köpfe in Bücher". Als ich diese Passage zum ersten Mal las, fand ich diese Vergleiche erschreckend unzureichend, wie der Autor zum Teil auch selbst zugibt. Folgt der Leser aber diesen Gedanken zu Ende, ergibt der Vergleich durchaus Sinn. Weiter heißt es im SVS Buch, wie viel lächerlicher ist sei, Menschen zu etwas zu zwingen, was noch viel natürlicher also triebhafter ist. An einer weiteren Stelle bittet der Autor seine Leser sich vorzustellen, dass Lehrer an traditionellen Schulen ihre Schülerinnen und Schüler mit Hilfe eines Stocks, wie bei der Gänsemast, dazu zwingt, lauter gesunde, wertvolle Speisen herunterzuwürgen. Das ist für ihn das drastische Sinnbild von Beschulung, die ihren Zöglingen den Lernstoff „eintrichtert", wohingegen – so fährt er mit seiner Beschreibung fort – die Schüler in Sudburry Valley von den Lehrkräften in Ruhe gelassen werden. Das Konzept der Schule sieht vor, dass die Kinder ohne Einschränkungen frei über ihre Zeit und ihre Lerninhalte bestimmen können. Die Lehrer und Pädagogen mischen sich da nicht ein, geben Schülerinnen und Schülern aber gerne Hilfestellungen, wenn sie darum gebeten werden. Über diesen Nichteinmischungsgrundsatz der Lehrkräfte hinaus, kommen die Schülerinnen und Schüler in erster Linie zum Lernen an die SVS. (vgl. Die SVS, S. 9-13) Zweifels ohne ist es ein mutiges Konzept, welches darauf vertraut, dass Kinder auch ohne

Lehrplan, feste Zeiten und Druck in ihrer Schulzeit das „Rüstzeug" für die Welt der Erwachsenen erwerben. Hanna Greenberg schrieb hierzu, dass sie zwar immer verstand, inwiefern das herrschende Bildungssystem fehlerhaft sei, aber nie begriff, warum die entsprechenden Methoden in Sudburry-Valley greifen. Dies störte sie allerdings nie, da einer der Bestandteile des Konzeptes die Annahme ist, dass niemand wissen kann, was für einen anderen „gut" ist. Daraus ergibt sich, dass es für den Bildungsprozess der Kinder besser ist, wenn sie ihren Weg ohne unsere Einmischung finden und meist ohne dass wir verstehen, wie sie es getan haben. (vgl. SVS, S. 22) Manchmal ist es an der Sudburry-Valley-School möglich, einen Einblick in die Art des alltäglichen Lernens zu bekommen. Für viele Besucher der Schule ist es befremdlich, dass die Kinder dort den ganzen Tag spielen dürfen, wenn sie es wollen. Das ist zunächst verständlich, hatte das Konzept des Spielens in der Bildungswelt lange Zeit doch einen sehr schlechten Ruf. Bis heute haben viele Eltern Bedenken, dass ihre Kinder durch zu viel Spielen, auch wenn es bestimmte Bildungsziele fördert, nicht genügend auf die harte Realität vorbereitet werden. Die Mitarbeiter der Sudburry-Valley-School müssen häufig den Eltern diese Ängste nehmen, da das Spielen einer der Eckpfeiler des Konzeptes ist. Daniel Greenberg unterscheidet zwei Arten des Spiels: Die erste ist das Frei-Spiel, in dem es einen groben Rahmen gibt, in dessen Mitte alles möglich ist und von den Kindern gemeinsam ausgehandelt wird. Die zweite Art des Spiels ist eine nicht festgelegte Beschäftigung in einem engeren Rahmen. Hier nennt er als Beispiel das Brettspiel Monopoly oder auch Computerspiele. In beiden Arten des Spiels gibt es mehr oder weniger Regeln und Handlungsspielräume. Für das Konzept ist entscheidend, dass Kinder unabhängig von der Art des Spiels immer etwas lernen und sowohl ihre Handlungsfelder erweitern, als auch ihre Konzentrationsfähigkeit nutzen. Greenberg berichtet darüber, dass Eltern von ADS-Kindern im Gespräch auf die Frage, ob ihre Kinder spielen, immer mit einem „Ja" antworten: „er/sie kann Stundenlang spielen". Laut Diagnose fehlt diesen Kindern die Fähigkeit, sich längere Zeit auf eine Tätigkeit zu konzentrieren. Warum können sie es dann im Spiel? Weil Konzentration ein Nebenprodukt des Spielens ist. Laut Greenberg liegt nur dann ein ernsthaftes Gesundheitliches Problem vor, wenn ein Kind nicht in der Lage ist, konzentriert und antriebsvoll zu spielen. Eine weitere Säule der Konzeption ist der Müßiggang: Das Träumen beziehungsweise treiben lassen. Auch dies ist für viele Menschen schlecht nachvollziehbar, aber es macht Sinn, denn die größten Innovationen entstanden aus Muße, Träumen und Spielen. Hier nennt er als Beispiel den Computer. Die Menschen, die den Computer entwickelten, spielten mit unbeschränkten Innovationen. (vgl. Ein klarer Blick, S. 10-19) Ein weiterer Eckpfeiler des Konzeptes ist die Demokratie. Greenberg beschreibt an diesem Punkt, dass Demokratie von Anfang an in der Satzung einen festen Platz hatte, sich aber über die ersten 30 Jahre der Arbeit das Verständnis und die Umsetzung der Demokratie geändert haben. Es war ein ganz natürlicher Prozess: Man lernt dazu, lebt den Alltag und reflektiert diesen. So entstehen moderne, zeitgemäße Konzepte und genau das vollzogen alle an der Sudbury-Valley-School, denn sie lebten Demokratie. Die demokratischen Strukturen der Schule bestehen aus der Schulversammlung, die täglich stattfindet und an der alle Schüler und Mitarbeiter teilnehmen. Hier werden alle täglichen Angelegenheiten geregelt. Hinzu kommt die Jahresversammlung, in deren Rahmen alle Grundsatzentscheidungen der Schule getroffen werden. Hier sind Eltern, Schüler und Mitarbeiter alle gleichermaßen stimmberechtigt. Wir ziehen die Demokratie heutzutage anderen Herrschaftsformen vor, also erscheint es auch ganz logisch, Kinder in Demokratie aufwachsen und lernen zu lassen. Denn nur so können starke Verfechter der Demokratie heranwachsen und für ihr Fortbestehen sorgen und so lernen die Kinder der Sudburry-Valley-School durch eigene Erfahrungen: Man redet hier nicht über Ethik, man lebt sie durch moralische Entscheidungen im Schulalltag. (vgl. Ein klarer Blick, S. 59 - 61)

7.2 Biographien und Perspektiven von Schülern

An diesem Punkt kehren wir nach Deutschland zurück, denn auch hier gibt es zahlreiche Schulen, die frei demokratisch bilden. Diese Schulen sehen sich immer wieder mit den gleichen Fragen wie die Sudbury-Valley-School konfrontiert. Bereitet diese Art der Schulen die Kinder angemessen auf Leben und Beruf vor? Welche Perspektiven und Berufschancen haben die Schülerinnen und Schüler, die von Schulen abgehen, in denen es jahrelang keine Benotung gab, und kein Stundenplan existiert? Diese Fragen möchte ich anhand von Beispielen klären: Nicola Kriesel führte mit ehemaligen Schülern Interviews, in denen ihr späterer Werdegang beschrieben ist (vgl. Nicola Kriesel, Und was wird aus den Kindern?, unerzogen 1/2015, S. 18 – 23). Unter Zuhilfenahme dieser Erkenntnisse, werde ich die Chancen dieser Bildung darlegen. Der Schüler Luca Murdolo wurde im Alter von sechs Jahren in der demokratischen Schule Kapriole in Freiburg eingeschult. Er besuchte diese Schule zehn Jahre lang und verließ sie mit einem Werkrealschulabschluss (Mittlere Reife). Anschließend besuchte er ein Wirtschaftsgymnasium, an dem er sein Abitur erwarb. Nach seinem Abitur absolvierte er ein Freiwilliges Soziales Jahr als Trainer in der Jugendabteilung eines Sportvereins. Heute studiert er an der pädagogischen Hochschule Freiburg Politik, Wirtschaft und Mathematik auf Lehramt. Ein anderes Beispiel sind zwei junge Frauen, die gemeinsam auf die freie Schule Leipzig gingen. Dalia Hochbach ist heute 19 Jahre alt und legte 2012 per Schulfremdenprüfung ihren Realschulprüfung ab. Sie besucht heute die Schule für Design in Leipzig und macht dort eine Ausbildung zur Kommunikationsdesignerin. Ihre langjährige Freundin Nele Rook ist 20 Jahre alt, und legte gemeinsam mit ihr die Realschulprüfung ab. In diesem Sommer schließt sie ihre Ausbildung zur Musicaldarstellerin ab. Beide Frauen sind nach ihrem Realschulabschluss unterschiedliche Wege gegangen: Nele ging direkt auf die Musicalschule und arrangierte sich mit den konventionellen Schülern und Strukturen. Dalia, die einen sehr guten Realschulabschluss absolvierte, beugte sich dem Wunsch der Mutter und machte sich auf den Weg zum Abitur. Dazu musste sie zunächst die zehnte Klasse eines Gymnasiums wiederholen. Diese Wiederholung ist in Sachsen Pflicht, wenn die Prüfung extern abgelegt wurde. Sie meldete sich auf einer Montessorischule an, hatte aber zunehmend Probleme mit den Hierarchien und dem Druck an dieser Schule: Sie fühlte sich nicht wohl und besuchte die Schule nach einem halben Jahr nur noch sporadisch. Dalia wollte die Schule verlassen, ihre Mutter verweigerte ihr jedoch die Unterschrift. Mit Erreichen der Volljährigkeit verließ sie die Schule und lernte eine Französin kennen, die wiederum gerade dabei war, eine Schule in Frankreich zu Gründen. Dalia reiste mit ihr nach Frankreich und unterstützte sie beim Aufbau der frei demokratischen Schule. Sie wurde Mitglied des EUDEC-Vorstandes und ist dies bis heute aktiv. Im Jahr 2014 kehrte sie nach Leipzig zurück und fing ihre schulische Ausbildung an. In Berlin erlebte Aaron Kriesel seine Schulzeit von 2002 bis 2013 durchaus anders als die Personen in den vorangegangenen Beispielen: Er begann seine Schullaufbahn an der Freien Schule Prenzlauer Berg, aber bereits zwei Jahre später zog die Schule um und nannte sich ab da Freie Schule am Mauerpark. Diese Schule war eine sechsjährige Grundschule: Nach der sechsten Klasse wechselten die Mitschüler und Mitschülerinnen von Aaron an Gymnasien und Gesamtschulen, er war der Einzige, der an die neu eröffnete Netzwerkschule ging. Diese demokratische Schule begrüßte ihre ersten Schülerinnen und Schüler. Aaron war einer der wenigen, der von einer demokratischen Grundschule kam und, mit seinen 11 Jahren, auch einer der ältesten. Er erlebte die Entstehung der Schule, von unorganisierten Anfängen mit wenigen Kindern bis zum Einkehren des Alltags mit mehr Schülern. Im Sommer 2012 hätte er seine Realschulprüfung ablegen können, entschied sich jedoch dagegen und blieb ein Jahr länger an der Netzwerkschule. Die Schule und seine Eltern sahen diese Entscheidung gelassen und Aaron entschied sich, den Abschluss 2013 zu machen. Während er sich auf diese Prüfungen vorbereitete, bewarb er sich mit seinem Entwicklungsbericht bei dem Projekt „FSJ@school". Diese Bewerbung ohne Notenzeugnis erregte die Aufmerksamkeit des Geschäftsführers. Er lud Aaron zu einem Gespräch ein und wollte unbedingt Näheres über die demokratischen

Schulen in Erfahrung bringen. Am Ende dieses Gesprächs bekam Aaron die Stelle und arbeitete ein Jahr im Kinder-Kiez-Klub und einem Familienzentrum. Anfang 2014 begann Aaron damit, die passende Oberstufe für sich zu suchen und entschied sich für die Evangelische Schule Berlin Zentrum, welche, zumindest in diesem Schulsektor, ein reformpädagogisches Konzept verfolgt. Das elfte Schuljahr beginnt dort direkt mit einem großen Projekt: Die Schüler müssen sich im Ausland selbst einen Projektplatz organisieren. Aaron wusste, dass er die dreimonatige Projektphase von Oktober 2014 bis Dezember 2014 in einer demokratischen Schule verbringen wollte. Er entschloss sich, an die demokratische Schule Hadera nach Israel zu gehen. Dort arbeitete er als freiwilliger Helfer im Kindergarten. Er empfindet seinen neuen Schulalltag mit 25 Menschen in einem Klassenzimmer als seltsam und anstrengend, ist jedoch positiv überrascht, wie schnell er dem Unterrichtsstoff folgen kann, obwohl er diese Inhalte zuvor nie in solcher Form bearbeitet hat. Er stellt im Rückblick fest, dass seine Schulzeit auf der Netzwerkschule entspannter und schöner war, seine jetzige Schule aber mehr Projekte und Workshops bietet und sieht ganz klar Vor- und Nachteile in beiden Systemen. Aaron rechnet damit, im Sommer 2017 sein Abitur „in der Tasche" zu haben. (vgl. unerzogen 1/15, S. 18 – 23) Diese vier Biographien von Schülern zeigen, dass jeder seinen ganz individuellen Weg nach der demokratischen Schule geht. Manche wissen direkt, welches Ziel sie verfolgen und wie sie es erreichen, andere gehen Umwege und machen verschiedene Erfahrungen, bevor sie ihren Weg finden und ihr Ziel erreichen.

7.3 Ein anderer Weg zum Abitur

Im Jahr 2007 gründeten zehn ehemalige Waldorfschüler den Verein Methodos in Freiburg. In den vergangenen acht Jahren fand sich jährlich eine neue Schülergruppe, die den Verein übernahm und sich gemeinsam auf das Abitur vorbereitete. Die Schülerinnen und Schüler kommen mittlerweile von Regelschulen, Reformschulen und demokratischen Schulen. Die einzigen Konstanten in diesem Konzept sind die Idee sich selbst zu bilden, Lehrerstunden und Selbstlernphasen, sowie der Verein als Institutioneller Rahmen. Alles andere bestimmt und organisiert die jeweilige Gruppe selbst: Findet Unterricht statt? Wann trifft man sich zum Lernen? Gibt es überhaupt Lerngruppen und welche Lehrer werden eingestellt? Die Schüler haben durch den gemeinnützigen Verein den rechtlichen Rahmen geschaffen, um die Verantwortung tragen zu können. Den Vorstand bilden vier Schüler und alle Schüler der Methodos Lerngruppe sind aktive Mitglieder des Vereins. Sie tragen die Verantwortung für die Einnahmen und Ausgaben des Vereins und sind die Arbeitgeber der Lehrer. Diese Schülerinnen und Schüler tragen viel Verantwortung und müssen viel organisieren. Hinzu komm, dass die „Freigeister" ihre Reifeprüfung an einem ihnen zugeteilten Gymnasium für Externe machen müssen. Diese Abiturprüfung ist wesentlich umfangreicher als das Regelabitur. Trotzdem entscheiden sich jedes Jahr wieder junge Erwachsene dazu, diesen Weg zu gehen. Warum nehmen die jungen Menschen all die Arbeit in Kauf, um sich frei bilden zu können? Jede Schülerin und jeder Schüler hat ihre/seine ganz individuelle Schullaufbahn hinter sich und findet sich aus den unterschiedlichsten Gründen bei Methodos ein. Aber sie alle sind mit den ihnen angebotenen Wegen ins Abitur nicht zufrieden gewesen: Indra, ein aktives Mitglied des Vereins, sagt, dass sie auf der Regelschule den Spaß am Lernen verlor, da sich dort immer nur mit den Inhalten der nächsten Klausur und den Noten beschäftigt wird. Sie sieht den Fehler nicht allein bei Lehrern oder Schülern, erwähnt vielmehr, die Problematik hänge mit dem System zusammen. Das bestehende Schulsystem mit seinen strikten Lehrplänen und Noten führe zu einem Gegeneinander der Beteiligten. Ein anderer Schüler der Methodos-Lerngruppe namens Valentin berichtet, dass er von der ersten bis zur zehnten Klasse die freie demokratische Schule Kapriole in Freiburg besuchte. Er berichtet, dass er sich in den ersten neun Jahren seiner Schulzeit fast ausschließlich mit Schlagzeugspielen beschäftigt hat und die Lehrer der Kapriole ihn darin unterstützt haben. Die demokratische Schule ließ ihm somit alle Freiheiten, die er brauchte. Valentin verbrachte einen Monat in New York bei einem Musiker, außerdem reiste er mehrfach nach Istanbul zu einem Jazz-Dozenten und besuchte dort dessen Vorlesungen. Erst in der zehnten Klasse begann er sich aus eigenem Antrieb mit dem Prüfungsstoff für die mittlere Reife zu beschäftigen. Er bestand die externe Prüfung und wollte sich genauso frei auf sein Abitur vorbereiten, weshalb er dem Verein beitrat. Die meisten Schüler und Schülerinnen, die bis dato den weg zu Methodos fanden, kamen von Reformschulen. Nur wenige Schüler aus dem Regelsystem gehen diesen Weg. Wahrscheinlich liegt es daran, dass dieser Schritt aus der Schule für Viele ein Wagnis darstellt. Die Schüler der meisten Reformschulen müssen nach der zehnten Klasse beziehungsweise nach der bestandenen Realschulprüfung ohnehin einen neuen Weg gehen: Sie stehen vor der Entscheidung, ob sie eine Ausbildung beginnen, eine Regelschule besuchen um das Abitur zu erlangen oder eben einen anderen Weg wählen. Vor Valentin waren schon einige ehemalige Schülerinnen und Schüler der Kapriole bei Methodos und machten ihr Abitur. Daher fiel ihm die Entscheidung leicht und er wusste von Freunden was auf ihn zukommt. Das eigenständige Lernen war ihm bekannt und eine externe Prüfung hatte er auch bereits abgelegt. Alia, die von einer Regelschule kam, fiel ihre Entscheidung deutlich schwerer: Sie hatte Bedenken, ob sie genügend Selbstdisziplin aufbringen würde, denn immerhin sehen viele Schüler und Schülerinnen an Regelschulen Lernen und Prüfungen als notwendiges Übel an. Eine Auffassung, die auch Alia damals teilte. Glücklicherweise fing die Lerngruppe damals schon zwei Wochen vor Schuljahresbeginn an und sie konnte probeweise teilnehmen. Ihr Plan war es, zu testen, inwiefern sie mit diesen andersartigen Methoden zurechtkommen würde, denn notfalls konnte sie, pünktlich zum Schuljahresbeginn, in den sicheren Hafen des Gymnasiums zurückkehren. In diesen 14 Tagen hatte Alia so viel Spaß am Organisieren, Diskutieren und Lernen, dass ihre Entscheidung feststand: Sie wurde Mitglied bei Methodos und legte ihre Reifeprüfung als Externe ab. Auch hier bei der Lerngruppe Methodos kann man keinen verbindlichen Tagesablauf beschreiben. Jeder Tag ist anders, berichtet Valentin: Mal liest jeder für sich, am nächsten Tag tauschen sich die Mitglieder über Themen aus oder besuchen eine Vorlesung an der Universität. Und dann gibt es noch die Lehrerstunden: Für jedes Fach hat der Verein einen Profi engagiert. Die Schüler der Lerngruppe schätzen die Lehrerstunden als sehr wertvoll und daher bereiten sie sich immer gut darauf vor. Die Mitglieder des Vereins sprechen lieber von Lernbegleitern und nicht von Lehrern, denn es beschreibt das vertraute und kooperative Verhältnis wesentlich besser. Der Verein benötigt für jedes Schuljahr etwa 12000 Euro. Ungefähr die Hälfte der Summe wird durch Eigenmittel finanziert. Die restlichen Gelder müssen die Schülerinnen und Schüler über Spenden – zumeist über Stiftungen – einholen. Beinahe alle Mitglieder von Methodos studieren nach Erlangen ihres Abiturs. Leider stellten Einige von ihnen fest, dass Anwesenheitspflicht, Hausarbeiten, Prüfungen und die strikte Vermittlung von Lernstoff zu viel Druck für sie darstellten. Daher plant Alia Ciobanu mit Freunden eine Universität zu gründen: Mit 15 Leuten starten sie ein kleines Experiment des freien Studierens. Sie ist sehr froh, ihre Erfahrungen von Methodos dort einbringen zu können. (vgl. www.methodos-ev.org) Dies ist ein weiterer Weg, den Schülerinnen und Schüler einer demokratischen Schule gehen können.

7.4 Eudec

Die European Democratic Education Community, kurz Eudec, ist ein gemeinnütziger Verein, bei dem alle Mitglieder sich für eine demokratische Bildung einsetzen. Sie teilen die Überzeugung, dass dieses Bildungsmodell am besten zu einer demokratischen Gesellschaft passt. Die Eudec gründete sich 2008, was zeigt, dass es immer noch Menschen gibt, die eine frei demokratische Bildung unterstützen. Momentan sind etwa 58200 Personen, beziehungsweise 53 Gruppen aus 28 Ländern Mitglied in dem Verein. Darunter befinden sich 45 Schulen, 18 Gründungsinitiativen, 3 Organisationen, hierunter auch die BFAS, 200 Einzelpersonen und 58000 Schülerinnen bzw. Schüler. Erstaunlich ist die aktive Rolle der

Schülerinnen und Schüler bei Eudec, da jeder sich nach seinem Interesse einbringen kann. Schülerinnen und Schüler sind einfache Mitglieder, Vorstandsmitglieder oder bereiten Konferenzen und Projekte vor. Dies erklärt sich durch die Struktur von Eudec, die sich selbst als demokratische Organisation beschreibt. Einmal pro Jahr gibt es eine Mitgliederversammlung, bei der jedes Mitglied eine Stimme hat. Die Organisation lebt ihre Prinzipien aktiv, indem sie demokratisch und partizipatorisch arbeitet. Der Verein hat zwei zentrale Organe: Die Versammlung aller Mitglieder und den dort gewählten Vorstand, der die Organisation verwaltet. Eudec hat als Netzwerkergänzung zu den Online-Informationen regionale Ansprechpartner in den einzelnen Ländern und in Deutschland gibt es zur Zeit acht eingetragene Eudec-Ansprechpartner in Bad Gandersheim, Berlin, Freiburg, Greifswald, Halle, Hamburg, Leipzig und München. Die Mitglieder der Eudec sind davon überzeugt, dass Kinder, Jugendliche und Erwachsene in Bildungsfragen das Recht haben sollten, individuell zu entscheiden, was sie lernen, wie sie es lernen, wo und wann sie es lernen und mit wem sie zusammenarbeiten möchten. Auch ist die Eudec der Meinung, dass alle Beteiligten gleichberechtigt an Entscheidungen teilhaben sollten. Dies gilt auch insbesondere für Schulen und ihre Schülerinnen und Schüler. Der Verein verfolgt das Ziel, demokratische Bildung in Europa zu fördern und zu unterstützen: Sie werben dafür, dass demokratische Bildung eine vernünftige Entscheidung für demokratische Staaten ist. Sie kämpfen um eine Verankerung des Rechts auf demokratische Bildung, die Gründung von demokratischen Schulen in der Gesetzgebung, unterstützen Gründungsinitiativen und fördern den Austausch zwischen den Einrichtungen. Des Weiteren wollen Sie Informationen und Programme für Hochschulen anbieten, um angehende Lehrer mit dem Grundgedanken der demokratischen Bildung vertraut zu machen. Das Angebot der Eudec umfasst unter anderen Online-Informationen in Theorie und Praxis und Publikationen zum Thema demokratische Bildung. Sie bieten Konferenzen, Treffen und Seminare an, sorgen für die Vernetzung von demokratischen Schulen und fördern den Schüleraustausch. Dabei wurde der Verein aus dem Bedürfnis nach Vernetzung von demokratischen Schulen geboren. Der Stein kam im Jahre 2006 ins Rollen, als einige Mitarbeiter und Schüler von demokratischen Schulen an zwei Treffen teilnahmen: Eines davon fand in Polen statt, das Andere in England. Die ersten Weichen waren gestellt, aber es bedurfte viel Planung und Vorbereitung bis zum ersten tatsächlichen Gründungstreffen in Leipzig 2008. Im Jahre 2009 wurde die Eudec schließlich als unabhängige und gemeinnützige Organisation mit Hauptsitz in Leipzig (Deutschland) registriert. Die jährlichen Mitgliederversammlungen finden jedes Jahr in einem anderen Land statt. So wird die nächste Versammlung im Jahr 2016 in Finnland stattfinden. Mit der Eudec schufen die

Gründungsmitglieder eine europaweite Vernetzung der demokratischen Bildungseinrichtungen. Dieser Umstand stellt nach all den „ruhigen Jahrzehnten" einen riesigen Fortschritt für die demokratische Bildung dar.

8 Feldforschung

Da es in meinem Themen Bereich Jahrzehntelange praktische Erfahrungen gibt, habe ich entschieden zwei qualitative Interviews zu führen. Diese sollen einen Einblick in die Alltagswelt der demokratisch handelten Menschen geben. Und somit die Fragen, ist Inklusion in demokratischen-Schulen gut umsetzbar? Und wie schwierig ist die Arbeit unter den bestehenden Gesetzen? So wie der Frage nach dem Erfolg des Modells auf den Grund gehen. Gegen den Einsatz einer quantitativen Forschung spricht das es nicht um die Erhebung von Zahlen und Fakten geht. Sondern um spezifische Erfahrungen der Mitarbeiter, durch den Einsatz eines Interviewleitfadens der dem Interviewten viel Raum zum erzählen bietet, stellen sich die Vielfältigen Erfahrungen viel eher da. Aus diesen Gründen wählte ich die Methode des Leitfaden gestützten qualitativen Interviews.

In der Praxis der Sozialen Arbeit ist es mittlerweile üblich und durchaus auch notwendig, empirische Methoden und Techniken einzusetzen. Dies ermöglicht es der Profession Themen aus den Blickwinkeln der Bezugsdisziplinen und der eigenen Empirischen Erkenntnisse zu bearbeiten. Hierdurch ergibt sich ein methodischer Zugang der eine kritische und reflektierte Nutzung aller erarbeiteten Erkenntnisse zulässt. Es ist für die Sozialarbeitsforschung typisch ein spezifisches Erkenntnisinteresse zu verfolgen. Grundlegend kann man sagen das die Fragestellungen wie in diesem Fall, eine unmittelbare nähe zur Praxis und der Lebenswirklichkeit der Adressaten aufweisen. Es ergibt sich durch das Paradigma einer Lebenswelt orientierten Sozialen Arbeit und durch die systemtheoretisch fundierten Handlungstheorien der Sozialen Arbeit, häufig die Notwendigkeit Theoretische Erkenntnisse durch qualitative Sozialforschung zu ergänzen. (vgl. Schaffer, Empirische Sozialforschung, S. 7 - 11) Zu diesem Zweck führte ich die beiden Experteninterviews, um die Theoretisch erarbeiteten Erkenntnisse mit der Lebenswirklichkeit der Mitarbeiter des Feldes demokratische-Bildung zu vergleichen und kritisch zu hinterfragen. Natürlich wäre es schön gewesen hier noch mehr Interviews zu führen um die Lebenswirklichkeit aller beteiligten Gruppen mit einzubeziehen. Hier wäre es denkbar gewesen noch den Geschäftsführer von Eudec, Lehrer verschiedener demokratischer-Schulen, Schüler von demokratischen-Schulen und eventuell auch Direktoren, Lehrer und Schüler von Konventionellen Schulen zu

Interviewen. Dadurch hätte man zum einen die Lebenswelt demokratische-Schule aus Sicht aller Beteiligten beleuchten und auswerten können. Und einen direkten Vergleich zur Lebenswelt der Menschen an Konventionellen Schulen ziehen können. Leider hätte dies den Rahmen der Thesis gesprengt. Daher beschränkte ich die Interviews auf zwei Gesprächspartner in ähnlicher Position und Beleuchtete deren spezifische Erfahrungen.

8.1 Experteninterview mit der Freien Schule Ffm

Ich führte das Experteninterview mit Herrn G. (Geschäftsführer). Er beschrieb mir zuerst die Entstehungsgeschichte der Schule. Eine Elterninitiative gründete 1967 einen Kinderladen in Frankfurt, 1974 entschieden sich die Eltern auch eine freie-Schule zu gründen. Die Schule ist Staatlich genehmigt, Herr G. berichtete mir, dass die Schule aus gutem Grund nicht anerkannt ist. Sie haben den Antrag auf Anerkennung nie gestellt, da sich die Schule dann noch viel näher an dem hessischen Lehrplan orientieren müsste. Durch die Genehmigung gilt die Freie-Schule-Frankfurt als Ersatzschule und ist an die Richtlinien und Bildungsziele gebunden. Die Freie-Schule-Frankfurt bietet Kindern ab dem 1. Lebensjahr einen Platz in der Krabbelstube. Kinder ab dem 3. Lebensjahr sind im Kindergarten willkommen. Die Grundschulzeit plus Förderstufe verbringen die rund 60 Kinder in altersgemischter Gruppe: Die Kinder besuchen die 1. Klasse mit ca. 6 Jahren und verlassen die Schule nach der 6. Klasse ungefähr im Alter von 12 Jahren. Die Freie-Schule-Frankfurt ist eine Ganztagsschule und viele der Kinder verbringen 10 Jahre in der Einrichtung. Auf meine Frage warum die Schule nicht bis zur 13. Klasse besteht, erklärte mir Herr G., dass man dies im Plenum natürlich schon häufig besprochen habe, sich aber aus gutem Grund dagegen entschieden hat: Zum einen sei es bei dem Konzept nur schlecht praktikabel, da sich die Schule dann sehr vergrößern müsste. Der andere Grund sei, dass die Kinder nach bis zu 10 Jahren auch mal eine Veränderung wünschten. Die Schule bereitet die Kinder durch ein ausgeklügeltes System auf den Wechsel vor. Ab der 5. Klasse erarbeiten die Kinder zusammen mit den Lehrkräften einen Bildungszielplan, der jeweils ein Ziel pro Abschnitt verfolgt. Die Zeitvorgabe kommt automatisch durch die Ferienzeiten zustande. In der 6. Klasse hospitieren die Kinder an verschiedenen Schulen und sind an der Entscheidung der Schulwahl beteiligt. Über die Jahre hat sich eine gute Zusammenarbeit mit zwei Frankfurter Gymnasien und zwei Frankfurter Gesamtschulen entwickelt. Es gab Gymnasien, die nur nach Prüfung der Schüler eine Aufnahme überhaupt in Erwägung ziehen wollten. Dies lehnte die Schule ab, da der erste Kontakt mit dem staatlichen Schulsystem nicht aus einer Prüfungssituation bestehen soll, da dies die Kinder wahrscheinlich einschüchtern würde. Erfahrungsgemäß gewöhnen die

Schülerinnen und Schüler sich bis zum Ende der siebten Klasse gut auf ihren neuen Schulen ein. Zum organisatorischen Teil bleibt zu sagen, dass der Besuch der Einrichtung von mindestens 110 Euro bis maximal 293 Euro pro Monat kostet, für die Beschulung kommen noch 90 Euro Monatlich hinzu. Der Grundbetrag wird nach dem Einkommen der Eltern berechnet. Heutzutage sind die Eltern in den Schulalttag gar nicht mehr eingebunden, allerdings findet alle 14 Tage dienstags das Plenum statt, an dem alle Eltern und Lehrkräfte teilnehmen um Aktuelles zu besprechen und den pädagogischen Umgang mit den Kindern in Einklang zu bringen. Herr G. berichtete mir, dass es für die Kinder schwierig ist, wenn das Elternhaus die pädagogische Linie der Schule nicht mitträgt. Auch wenn die Schule Kontakt zu Außenstehenden hat, die sich mit der pädagogischen Ausrichtung von freien Schulen noch nie befasst haben, sehen sich die Mitarbeiter in Erklärungsnot. Gute Erfahrungen hat die Schule mit den Ämtern in Frankfurt gemacht. Dies führt Herr G. auf die vergangenen 40 Jahre zurück, in denen die Schule sich in Frankfurt gut etabliert hat. Die pädagogische Konzeption ist an dem Summerhill-Konzept angelehnt: Monika Seifert brachte damals die Originaltexte der Summerhill-Schule aus England mit und darauf basierend baute die Elterninitiative ihr Konzept auf. Die Eckpfeiler der Pädagogik sind die Selbstregulation der Kinder und die Matetik, was bedeutet, dass die Schülerinnen und Schüler beispielsweise mit einer Frage an eine Lehrkraft herantreten und diese das Kind auf dem Weg begleiten und unterstützen, ohne das Ergebnis zu kennen. Die Freie-Schule-Frankfurt gibt den Kindern Raum zum selbstbestimmten lernen und sie bietet den Schülerinnen und Schülern größtmögliche Autonomie. Hierdurch können die Kinder sich selbst finden und im Zusammenarbeiten mit der Gruppe soziale Auseinandersetzungen üben. Die Grundidee dieses Lernens ist, dass Lernen, Spielen, Arbeiten und Freizeit eine Einheit bilden. Ein schönes Beispiel für diese Art des Lernens ist, dass alle Kinder ab dem 3. Lebensjahr einen Euro Taschengeld pro Tag bekommen. Dieses Geld können die Kinder nach eigenem Willen ausgeben, hierdurch lernen die Kinder Rechnen. Auch lernen sie ihren Sozialraum kennen, da sie wissen müssen: Wo kann ich was kaufen und wie viel kostet mich das. Die Selbstregulation zeigt sich an folgendem Beispiel sehr schön: Die Kinder der Freien-Schulen-Frankfurt können selbst entscheiden, ob sie eine Jacke anziehen oder auch ob sie barfuß in den Schnee gehen. Dies wird von Außenstehenden häufig als Kindeswohlgefährdung wahrgenommen. An dieser Stelle ist es wichtig, auf die Selbstregulation der Kinder zu vertrauen: Jedes Kind, das Jacke und Schuhe zur Verfügung hat und friert, wird sich freiwillig wieder anziehen. Dieses pädagogische Handeln stellt keine Kindeswohlgefährdung dar. Die Freie-Schule-Frankfurt sieht sich selbst schon seit den 70er Jahren als integrative beziehungsweise als inklusive

Schule. Von jeher war es das Ziel der Schule, allen Kindern zu ihrem Recht zu verhelfen und jegliche Art von Benachteiligung auszugleichen. Das Setting der Freien-Schulen bietet, durch seine offene Einstellung den Kindern gegenüber, gute Voraussetzungen für jede Art der Begabung. Gerade hinsichtlich des sozial-emotionalen Förderbedarfs auf Regelschulen stellt Herr G. in Frage, ob dieser Förderbedarf eventuell durch das System verursacht wird. Des Weiteren berichtete er mir, dass der Verein gerade im Haus 2 einen Aufzug einbauen ließ, damit auch Rollstuhlfahrer zukünftig die Schule besuchen können.

8.2 Experteninterview mit dem Geschäftsführer BFAS e.V.

Ich führte das Experteninterview mit Herrn K., Geschäftsführer des Vereins Bundesverband der freien Alternativschulen. Dieser gründete sich Ende der 1980er Jahre. In Deutschland entstanden die ersten Alternativschulen bereits Anfang der 1970er Jahre. Diese waren anfangs noch sehr umstritten, haben sich aber mittlerweile gut etabliert. Ein gemeinsames Fundament wurde 1986 durch die von der Alternativschulbewegung formulierten Wuppertaler Thesen geschaffen. Der Verein steht den Schulen und Gründungsinitiativen mit einem breiten Spektrum an Angeboten zur Verfügung: Es gibt eine Gründungsberatung, Fortbildungen und Fachtagungen. Der Verein ist bundesweit tätig und somit den verschiedenen Schulgesetzen der einzelnen Bundesländern untergeordnet. Dies macht die Beratung und Unterstützung der freien Schulen durchaus kompliziert. Der Verein wurde gegründet um in einer Art Selbsthilfe die Arbeit der Schulen zu professionalisieren. Grundlegend gilt in Deutschland die gesetzlich verankerte Privatschul-Freiheit. Herr K. berichtete mir, dass die Genehmigung von Grundschulen und weiterführenden Schulen durchaus unterschiedlich ist: Die einzelnen Bundesländer legen bei weiterführenden Schulen besonderen Wert auf das Erreichen des Ziels, denn die Jugendlichen sollen möglichst gezielt auf Berufsausbildung oder Studium vorbereitet werden. Die Gründungsinitiativen beantragen die Genehmigung auf Grundlage der besonderen pädagogische Prägung und diese müssen sie über ein Konzept nachweisen. Da die Konzepte der freien Schulen auf Grund ihrer pädagogischen Profile auf das erteilen von Noten verzichten, müssen die Schülerinnen und Schüler von weiterführenden Schulen an externen Prüfungen teilnehmen. Dies könnten sie nur umgehen, wenn die Schulen eine Anerkennung erhielten und da dies mit der Auflage von Notenvergabe verbunden wäre, distanziert der Verein sich von diesem Weg. Stattdessen haben die einzelnen Schulen in den vergangenen Jahren Kooperationen mit staatlichen Schulen gebildet, sodass die Schüler der freien Schulen dort ihre Abschlussprüfungen ablegen können. Der Verein ist mit diesen Lösungen sehr zufrieden. Ganz anders aber steht es um die staatlichen Zuschüsse, denn diese fallen viel geringer aus als die Mittel, die den staatlichen Schulen zur Verfügung gestellt werden: Je nach Bundesland liegen die staatlichen Zuschüsse zwischen 60 und 85%. Das politische Ziel des Vereins besteht darin, bundesweit auf eine identische Förderhöhe zu kommen, also 100% dessen, was auch die staatlichen Schulen erhalten. Derzeit finanzieren sich die freien Schulen aber grundlegend noch durch eine Mischung aus staatlichem Zuschuss, Elterngeldern also Schulgeld und Sponsoring. Dies handhabt jede Schule unterschiedlich. An manchen Schulen gibt es einen festen einheitlichen Betrag, den alle Eltern Zahlen müssen, andere Schulen hingegen setzen das Schulgeld einkommensabhängig an und wieder andere Schulen arbeiten mit dem sogenannten Bieterverfahren. Das Bieterverfahren ist „gelebte Demokratie", denn es findet eine Sammlung der Angebote statt: Die Eltern teilen meist anonym schriftlich mit, was sie zahlen können oder wollen. Aus diesen Geboten wird das Haben ermittelt, welches dann öffentlich mit dem Soll verglichen wird. Das Soll ist der Betrag, den die Schule für das nächste Schuljahr benötigt. Im Folgenden wird gemeinsam ausgehandelt, wie der Differenzbetrag beschafft werden soll. Am Ende dieser Verhandlungen steht ein demokratisch gewählter Weg, der die Finanzierung der freien Schule für ein Jahr sichert. Auch berichtete Herr K. mir, dass die freien Schulen in den letzten Jahren zunehmend viele Quereinsteiger nach der Fünften Klasse verzeichnen. Dies stellt die Schulen vor eine pädagogische Herausforderung, der sie sich jedoch gerne stellen. Das Hauptproblem ist, dass diese Schülerinnen und Schüler meist negative Erfahrungen mit dem Sozialraum Schule gesammelt haben und aus Systemen kommen, in denen Schule als „Trainingszeit" verstanden wird. Dies steht im direkten Gegensatz zu den freien Konzepten der Bildung. Hierdurch benötigen die Schülerinnen und Schüler meist eine relativ lange Eingewöhnungsphase und anfangs vergleichsweise viel Unterstützung. Ich fragte Herrn K. auch nach den pädagogischen Konzepten und dem Einfluss der Antipädagogik. Zu diesen Themen berichtete er mir, dass nicht ein umfassendes Konzept vorherrscht: Die Schulen haben sich der verschiedenen pädagogischen Konzepte bedient und zumeist eine „bunte Mischung" zu einem schlüssigen Konzept verarbeitet. Die Gründungsinitiativen orientieren sich beispielsweise an den Konzepten der Sudbury-Valley-School, der Summerhill School, der Montessori- und Waldorfpädagogik, sowie den Thesen von Korczak und Negt. Auch legte er großen wert darauf, dass die Schulen mit ihren Konzepten leben, also sich durch die Arbeit und Demokratie immer im Wandel befänden. Sie seien als Schulen im Sozialraum zu sehen, welche natürlich mit ihrer Umwelt und dem Wandel interagieren müssen. Zur Antipädagogik erwähnte er darüber hinaus, dass in den 1970er Jahren natürlich viele Schulen daraus entstanden, heute allerdings höchstens noch eine leichte Färbung davon zu sehen sei. Gerade in Schulen, die in den letzten Jahren gegründet wurden, verfolgen den Ansatz der Antipädagogik kaum noch. Dieser sei eher ein kleiner Diskurs gewesen, der bei den Gründungen der der freien Schule am Amersee, der neuen Schule Hamburg oder den zwei Schulen in Berlin eine Rolle gespielt hat. Durchaus habe man sich aber an Sudburry-Valley orientiert. Zum Abschluss fragte ich ihn, wie der Verein und die freien Schulen mit der Inklusion umgehen. Er berichtete mir, dass die Schulen und der Verein eine positive Grundhaltung zu dem Thema hätten und der nächste Fachtag des Vereins dieses Thema behandeln wird.

9 Möglichkeiten der Sozialen Arbeit an der Weiterentwicklung mitzuwirken

Die Soziale Arbeit ist ein sehr weitläufiges Feld, Sozialarbeiter und Sozialarbeiterinnen arbeiten in den Unterschiedlichsten Einrichtungen. Einige der Sozialen-Arbeits-Felder liegen in der Kinder und Jugendarbeit, um hier einige Beispiele zu nennen, Jugendamt, Mutter-Kind-Heime, Heime, Kindertagesstätten, Schulen, Jugendzentren und Beratungsstellen. Häufig fungieren sie als Bindeglied zwischen den einzelnen Professionen, sie verfügen über ein breites wissen das sich von Pädagogik, über Recht bis hin zur Psychologie erstreckt. Aus Historischer Sicht entwickelte sich dies durch die enge Vernetzung mit den Bezugsdisziplinen, da die Soziale Arbeit häufig mit Erkenntnissen und Wissen dieser Verwandten Disziplinen arbeitet. Dies ermöglicht es dieser Profession die passenden Spezialisten zu den einzelnen Fällen hinzuziehen oder auf deren Forschungsergebnisse und Erfahrungswerte zurückzugreifen. Wolf Rainer Wendt, Referierte zu diesem Thema am 04.12.2016 in Potsdam, er formulierte dies so, im akademischen Raum stehen der Sozialen Arbeit etablierte Bezugswissenschaften zur Verfügung. Dies sind die Soziologie, die Psychologie, die Pädagogik, die Gesundheitswissenschaften, die Politikwissenschaften, die Verwaltungswissenschaften, die Ökonomie und die Theologie in Verbindung mit Diakoniewissenschaft bzw. auch Caritaswissenschaft. Die Sozialarbeitswissenschaft bezieht Wissen aus diesen Disziplinen, sie gründet deshalb aber nicht in ihnen. Vielmehr nutzt sie diese und entwickelt mit Handlungstheorien und Professionstheorien Lösungsansätze für die Bearbeitung und Vermeidung Sozialer Probleme. Im Bereich der Bildung sieht dies beispielsweise so aus, das die Soziale Arbeit sich mit der pädagogischen Frage nach der Bildsamkeit des Menschen auseinandersetzt. Hierbei allerdings immer den Blick auf konkret Problemlösungen und Hilfestellungen richtet. Die Soziale Arbeit möchte durch ihr Handeln keines falls Besser sein wie ihre Bezugsdisziplinen, es geht viel mehr darum das Wissen zweckentsprechend so zu gestalten wie es für die Praktische Arbeit von nutzen ist. (vgl. PDF Vortrag Wolf Rainer Wendt, Die Disziplin der Sozialen Arbeit und ihre Bezugsdisziplinen)

Auch ermöglicht dieses Multi-referenzielle Paradigma es den Sozialarbeitern und Sozialarbeiterinnen den Blick anderer Professionen auf neues zu lenken oder andere schon lange bestehende Modelle ins Auge zu fassen. Am Beispiel der Frei-Demokratischen-Schulen wäre dies im Kontext Schulsozialarbeit oder Beratungstätigkeit an einer Schule denkbar. Im kleinen Maß, könnte ein Schulsozialarbeiter oder eine Schulsozialarbeiterin das Nachmittagsangebot Demokratisch gestalten. Dies sähe in der Praxis so aus das alle Schülerinnen und Schüler die dieses Angebot wahrnehmen an einer Versammlung teilnehmen die gemeinsam Demokratisch über die Regeln und das Angebot entscheiden. In Beratender Funktion könnte der Mitbarteiter oder die Mitarbeiterin der Sozialen Arbeit, den Lehrern und Pädagogen einer Schule das Konzept von Sudbury-Valley oder Summer-Hill vorstellen und gemeinsam mit ihnen über Möglichkeiten nachdenken wie man an der Schule für mehr Demokratie und Partizipation sorgen kann. Hier gilt es natürlich auch Kritische Stimmen zu hören und ernst zu nehmen, das Konzept der Demokratischen-Bildung blickt zwar auf eine lange Tradition zurück. Ist aber auch nicht unfehlbar und die Umsetzung an einer traditionell geprägten Schule nur sehr schwer möglich. Es gilt hier das Schulgesetz des jeweiligen Bundeslandes zu berücksichtigen. Auch ist es Erfahrungsgemäß schwierig an sehr großen Schulen, dieses System umzusetzen. In Beratungsstellen könnte das wissen über das Konzept der Freien-Schulen zum Beispiel sehr hilfreich sein, wenn ein Schüler oder eine Schülerin Probleme mit der traditionellen Schule haben. In diesem Fall kann es sein das sie Eltern oder der Jugendliche selbst die Beratungsstelle aufsuchen, hier kann es nach ausführlichen Erstgesprächen mit allen beteiligten dazu kommen das es sich anbietet ein Alternatives Schulsystem Vorzuschlagen, hier könnte je nach Fall auch eine demokratische Schule in Betracht kommen. Dies sind nur ein paar Alltägliche Möglichkeiten um das Wissen dieses Models in die Alltägliche Arbeit einfließen zu lassen. Natürlich kann man als Sozialarbeiterin oder Sozialarbeiter auch weiter gehen, es gibt natürlich auch Frei-Demokratische-Schulen die Arbeitsplätze für Absolventen des Studiengangs Soziale-Arbeit anbieten. Auch ist es denkbar das man selbst eine Gründungsinitiative ins leben Ruft und eine Demokratische-Schule gründet, bei einem solchen Vorhaben wäre das Wissen aus der Politikwissenschaft hilfreich. Eine weitere Möglichkeit wäre es sich als Fachkraft einer Bestehenden Gründungsinitiative Anzuschließen oder für eine der Organisationen tätig zu werden, hier bieten sich vor allen dingen der BAFS und Eudec an. Auch sucht der Verlag tologo Autoren die zu dem Themen

Sudbury-Valley-Schools, freie Bildung und freie Erziehung leicht verständliche Bücher Verfassen. Dies wäre eine weitere Möglichkeit um das wissen der Sozialen Arbeit mit dem wissen um freie Bildung und freie Erziehung einzusetzen. Selbstverständlich ist es in fast allen Bereichen der Sozialen Arbeit erstrebenswert demokratisch zu arbeiten. Zumindest sollte Partizipatorisch gearbeitet werden, dies ist besonders in der Kinder und Jugendarbeit wichtig. Wie bereits oben mehrfach erwähnt ist die Fachwelt sich einig das Kinder und Jugendliche sehr sensibel auf ihre Umwelt und den Umgang mit ihnen reagieren. Daher ist es sehr wichtig das alle beteiligten Fachkräfte das Konzept voll und ganz mittragen, egal ob es nun um ein vollkommen demokratisches Konzept geht oder um punktuelle Partizipation. Es sollte immer Authentisch und mit Respekt gearbeitet werden um die Rechte der Kinder zu waren. Auch im Hinblick auf die UN-Kinderrechtskonvention und die UN-Behindertenrechtskonvention ist das Model der Demokratischen-Bildung ein nicht zu unterschätzendes Werkzeug in der Verwirklichung der Kinderrechte und der Teilhabe von Behinderten.

10 Fazit

Eindeutig ist dass Frei-Demokratische-Schulen auf eine sehr lange Tradition zurückschauen. Des weiteren zeigte sich während meiner Recherche das es in den letzten Jahren immer wieder Neugründungen von Demokratischen-Schulen gibt. Es sind im letzten Jahrzehnt sogar bahnbrechende Fortschritte zu verzeichnen, die Europaweite Vernetzung durch Eudec ist ein Meilenstein in der Demokratischen-Bildung. Auch gibt es zu dem Thema Demokratische-Schulen und Antipädagogik fortlaufend neue Literatur und sogar ein eigenes Fachmagazin. Diese Entwicklungen so wie die Lebensläufe ehemaliger Reformschüler zeigen eindeutig das es möglich ist Kinder und Jugendliche Demokratisch zu Bilden. Mehr sogar die freiwillige Mitarbeit von Schülern bei Eudec und die Arbeit des Vereins Methodos zeigen sehr deutlich das dieses Bildungsmodel, selbstständige, eigenverantwortliche und demokratische Schüler hervorbringt. Auch schaffen die Schülerinnen und Schüler der demokratischen Schulen ihre Externen Abschlussprüfungen zu meist, hier zeigt sich keinesfalls ein Schlechteres Bild als bei Schülern von Konventionellen Schulen. Wenn man den Blick nun auf Aktuelle Probleme der Konventionellen Schulen richtet, fallen zwei Zentrale Punkte ins Auge. Zum einen ist es die Inklusion die laut UN-Behindertenrechts-Konvention umgesetzt werden muss. Mit der Inklusion tut man sich in einigen Schulen sehr schwer, besonders betroffen sind Kinder die trotz Behinderung ein Gymnasium besuchen wollen. Die Lehrkräfte dieser Schulen sehen sich außer Standes diese Kinder und Jugendlichen in den Bestehenden Schulalttag zu integrieren. In den Experteninterviews zeigte sich eindeutig das die Frei-Demokratischen-Schulen dies ganz anders sehen, bei ihnen bietet das Schulkonzept schon alle Voraussetzungen zur individuellen Unterstützung jedes einzelnen Kindes. Um nur ein kleines Beispiel zu nennen, häufig scheitern Kinder in Konventionellen Schulen am vorgegebenem Arbeitspensum, das durch G8 noch erheblich angezogen hat. Diese Kinder haben an Frei-Demokratischen-Schulen einen automatischen Vorteil, da dort jeder nach seinem eigenem Tempo arbeiten darf. Der zweite Punkt ist die Integration von Ausländischen Schülerinnen und Schülern, bei diesem Punkt ist zu bedenken das durch die gestiegenen Flüchtlingszahlen vermehrt Kinder mit diesem Hintergrund in die Schulen kommen werden. Immer wieder gibt es in der Bevölkerung Sorgen ob man dieser Aufgabe gerecht werden kann, besonders da viele dieser Menschen nicht aus Demokratischen-Staaten stammen. Wäre es da nicht naheliegend die Kinder Demokratisch zu Bilden, den was man lebt lernt man viel besser wie das was man vorgelesen bekommt. Immer wieder spricht man in traditionellen Einrichtungen über diese beiden Themen und über Partizipation, leider werden alle drei Punkte nur sehr selten bis gar nicht hundertprozentig umgesetzt. Man kann allerdings behaupten das die Frei-Demokratischen-Schulen die Partizipation voll und ganz Umsetzen. Warum halte ich dieses Bildungsmodel also für einen Wichtigen Punkt in dem Wissen von Sozialarbeitern. Während ich mich mit diesem Thema auseinander setzte fiel mir auf das viele Menschen dieses Konzept überhaupt nicht kennen oder es sogar für nicht umsetzbar halten. Erstaunlicher Weise waren darunter auch viele Fachkräfte, Sozialarbeiter, Lehrer, Sonderschullehrer, Erzieherinnen und Pädagogen. Sie alle waren sich darüber Bewusst das es im momentanen Beschulungsmodel Probleme gibt, die meisten von ihnen hatten sich aber nicht mit dieser Alternative befasst, nein sie lehnten sie sogar grundlegend ab. Ich möchte nicht behaupten das dieses Demokratische-Schul-Model für jeden das richtige ist. Aber ich sehe sehr großes Potenzial in der Jahrzehnte langen Erfahrung dieser Pädagogik. Grundlegend halte ich es für falsch dinge abzulehnen die man nicht kennt, daher denke ich das wir als Sozialarbeiter hier gefragt sind. Um mit Rat und Wissen die Verschiedenen Möglichkeiten aufzuzeigen. Zum Abschluss nun möchte ich den Blick noch auf die Rechte der Kinder richten, wie bereits erwähnt gibt es zahlreiche Autoren die auf teils sehr drastische weise dem bestehenden Schulsystem vorwerfen gegen die Rechte der Kinder zu verstoßen. Wie bereits oben beschrieben gibt es die UN-Kinderrechtskonvention in der detailliert geschildert ist was zu tun ist. Unter anderem steht dort geschrieben das allen Kindern die gleichen Chancen auf

Bildung gegeben werden müssen, wie bereits am Beispiel der Inklusion gezeigt wurde ist dies momentan leider nicht immer der Fall. Ich bin durchaus der Meinung das eine Frei-Demokratische-Schule hier diesem Auftrag besser gerecht werden könnte. Leider gibt es hier wieder einen Rechtlichen Stolperstein, diese Schulen befinden sich in Vereinsträgerschaft und erhalten vom Staat nur einen kleinen Zuschuss, so das es an diesen Schulen notwendig ist Schulgeld zu erheben. Somit ist diese Bildungsform leider nicht allen Kindern zugänglich, an diesem Punkt entscheidet die Soziale Herkunft über die Chance eine solche Schule zu besuchen. Dies ist natürlich ein Problem, da sich nicht alle Eltern eine Privatschule leisten können. Gerade Einelternteilfamilien, Familien mit nur einem Einkommen oder Arbeitnehmer aus dem Niedriglohnsektor können dies meist nicht leisten. Die drei bereits genannten Organisationen Eudec, BFAS und K.R.Ä.T.Z.A kämpfen an diesem Punkt um die Vollfinanzierung der Demokratischen-Schulen durch den Staat. Richard David Precht schrieb in seinem Buch „Anna, die Schule und der liebe Gott" das wir keine Bildungsreform sondern eine Bildungsrevolution bräuchten. Er empfiehlt kleine Demokratische Schulhäuser und ein freieres lernen, auch er ist der Ansicht das wir nicht mehr wissen können was unsere Kinder in 20 Jahren einmal brauchen werden, welchen Beruf sie ergreifen werden. Daher können wir auch nicht strikt festlegen was sie lernen müssen. Ich denke alle Bildungsmöglichkeiten sollten wirklich jedem Kind zur Verfügung gestellt werden, so das man die Wahl hat. Und somit jedes Kind zu der individuell passenden Bildung Zugang erhält.

Zum Abschluss werde ich noch einmal auf das Buch von Fransiska Klinkigt, „Wer sein Kind liebt......Theorie und Praxis der Strukturellen Gewalt" eingehen. Dies hat zwar nicht direkt mit Frei-demokratischen-Schulen zu tun, trifft allerdings eine sehr harte Aussage über unser bestehendes Schulsystem. Diplom Psychologin Klinkigt fragt in ihrem Buch nach dem Sinn des Mobbing-Verhaltens von Schülern. Sie stellt die Theorie in den Raum das diese Schülerinnen und Schüler sich in einem Verteidigungsmodus befinden, da sie sich selbst in einer Notsituation erleben. Sie fühlen sich bedroht, aber von was? Von der Schule und der dort herrschenden Hierarchie. Ihrer These nach bedroht das bestehende Schulsystem den Selbstwert, die Würde, die Integrität, die Freiheit, die Selbstbestimmung, das Selbstvertrauen und das Potenzial zur Selbstentfaltung seiner Schülerinnen und Schüler. Sie zieht hieraus den Schluss das die Rahmenbedingungen an der Schule das Phänomen Mobbing hervorrufen. Wenn man Mobbing also als Symptom sieht, ist dies ein Hinweis auf einen Fehler im System, also kurz gesagt das konventionelle-System-Schule ist gestört. Folgt man diesem Gedankengang so zeigt sich das nicht der auffällige Schüler das Problem besitzt, sondern er trägt es nur nach außen. (vgl. Klinkigt, S. 14 – 15)

Ich war beim lesen dieses Buches gleichermaßen fasziniert und schockiert, natürlich habe ich das gelesene in Zusammenhang mit meinen eigenen Erfahrungen reflektiert und kritisch hinterfragt. Dies eröffnet einen ganz neuen Blickwinkel auf die bestehende Praxis in den Schulen. Ich wählte diese These von Frau Klinkigt zum Abschluss meiner These, da ich der Ansicht bin dieses verdeutlicht die Problematik sehr anschaulich und regt zum Nachdenken an.

Literaturverzeichnis

Akbas Melda, Warum fragt uns den keiner, Bertelsmann, München (2013)

Allgemeine Maßnahmen zur Durchsetzung der Kinderrechte, Berlin (www.national-coalitionde)

Bogner Alexander, Das Experteninterview, VS Verlag, 2. Auflage (2005)

Bogner Alexander, Interviews mit Experten, Springer VS, Auflage (2014)

Braunmühl Ekkehard, Anti-Pädagogik, tologo Verlag, Leipzig (2006)

Die Sudbury Valley School, Eine neue Sicht auf das Lernen, tologo Verlag, Leipzig (2005)

Gesetze für Sozialberufe, Hrsg. Ulrich Stascheit, Fachhochschulverlag, Leck (2014)

Greenberg Daniel, Ein klarer Blick, tologo Verlag, Leipzig (2006)

Hentig Hartmut, Bildung: Ein Essay, Beltz (2009)

Hollstein (2012) Handlungsfeld Schulsozialarbeit: Profession und Qualität Seite 39-51

Holt John, Aus schlauen Kindern werden Schüler, Beltz, Weinheim und Basel (2004)

Jäckel Karin, Störfall Schule, Beltz, Weinheim und Basel (2010)

Klinkigt Franziska, Wers sein Kind liebt... Theorie und Praxis der strukturellen Gewalt, tologo Verlag, Leipzig (2015)

Kriesel Nicola, Und was wird aus den Kindern?, unerzogen 1/2015, S. 18 – 23

Kultusministerium.hessen.de, PDF Hessisches Schulgesetz

Largo Remo H., Lernen geht anders, edition Körber-Stiftung, Hamburg (2010)

Liessmann Konrad Paul, Theorie der Unbildung, Piper, München (2010)

Mintz Jerry, Wie es Bildung in Freiheit und Demokratie geben kann, tologo Verlag, Leipzig (2008)

Mohsennia Stefanie, Schulfrei lernen ohne Grenzen, Anahita Verlag, Winsen (2010)

Negt Oskar, Kindheit und Schule in einer Welt der Umbrüche, Streidl, Göttingen (1997)

Nieslony Frank, Evaluation der Schulsozialarbeit in Darmstadt, Ev.FH Darmstadt Nr. 12 Oktober (2008)

Nieslony Frank, Lebenswelt, Jugendhilfe und Schule: Ein Plädoyer für mehr interdisziplinäre Zusammenarbeit. Neue Praxis (39Jg.) Heft 4/2009, Seite 372 – 383

Nieslony Frank, Professionalisierung der Schulsozialarbeit aus jugendhilfeplanerischer Sicht,

Otto Hans-Uwe und Thiersch Hans, Handbuch Sozialarbeit und Sozialpädagogik, 2. Aufl. Luchterhand

Pötter Nicole, Neue Wege der Kooperation von Jugendhilfe und Schule, Juventa TUP, Nr. 3 Berlin (2008)

Precht Richard David, Anna die Schule und der liebe Gott, Goldmann, München (2013)

Speck Karsten, Schulsozialarbeit, UTB, München (2007)

Stern Bertrand, Frei sich bilden, tologo Verlag, Leipzig (2015)

Stern Bertrand, Nachdenkliches über die Bildungsrepublik, tologo Verlag, Leipzig (2008)

„unerzogen" Magazin, Hrsg. Kirchner Sören, tologo Verlag, Leipzig (Ausgaben 2007 – 2015)

Anhang

Interviewleitfaden – BFSA (Termin 10.11.2015 um 11Uhr)

-Freie-Schule-Frankfurt(Termin 24.11.2015 um 12Uhr)

Forschungsfragen: Erschwert die Gesetzgebung die Umsetzung der Demokratischen-Bildung? Erreichen die Schüler und Schülerinnen Ihrer Erfahrung nach die Bildungsziel? Und ist Inklusion in Demokratischen-Schulen gut umsetzbar?

Fragen:

1. Wie schwierig ist die Anerkennung bzw. die Staatliche Genehmigung der Schulen?
2. Durch wenn und aus welcher Motivation wurde die Schule bzw. der Verein gegründet?
3. Gibt es in ihrem Verein Schulen die nach dem Model Sudbury-Valley arbeiten?

   Wie geht die Schule mit dem Hessischen Lehrplan um?

4. Welche Ziele verfolgt der Verein?

   Nach welchen Pädagogischen-Model arbeitet die Schule?

5. Bis zu welchem Alter bzw. Abschluss gehen die meisten Schulen?

   Warum endet die Schule nach der 6. Klasse? Gibt es Pläne zum Ausbau?

6. Gibt es in den Schulen viele Aussteiger oder Quereinsteiger?

   Auf welche Schulformen wechseln ihre Schüler?

7. Wie viele Schulen sind bei ihnen Mitglied?

   Wie viele Schüler besuchen ihre Schule?

8. Wie handhaben die Schulen die Deckung ihrer Kosten?

Wie viel kostet der Besuch der Schule?

9. Wie arbeitet der Verein bzw. was bietet er an.

Wie sieht die Elternarbeit bei ihnen aus?

10. Welche Vorteile sehen Sie in der Demokratischen-Bildung?

11. Wie steht es mit der Umsetzung von Inklusion?

Transkription: Interview mit BFAS

Dienstag den 10.11.2015 von 11Uhr bis 11.45Uhr

Vor Beginn des Interviews habe ich das Einverständnis des Gesprächspartners eingeholt, das Interview aufzeichnen zu dürfen. Er wird im folgenden mit B benannt.

I: Vielen Dank Herr B. dass sie mir die Möglichkeit zu diesem Interview geben. Also meine erste Frage lautet: Wie schwer ist die Anerkennung bzw. die Genehmigung der Schulen?

B: Mhh, also das ist wie sie bestimmt wiesen ja von Bundesland zu Bundesland etwas unterschiedlich, teilweise gibt es da je nach Schulamt auch innerhalb eines Bundeslandes leichte Unterschiede. Aber im Gesetz ist die Privatschulfreiheit und die Lehrfreiheit festgeschrieben, so werden die Grundschulen nach besonderer Pädagogischer Prägung genehmigt. Bei den Weiterführenden Schulen ist es etwas komplizierter, wenn sie nur genehmigt sind müssen die Schüler externe Prüfungen für ihren Abschluss machen. Wenn eine Schule die Staatliche Anerkennung will, unterliegt sie halt der Noten Pflicht. Ja das ist bei den demokratischen-Freien-Konzepten, – Naja, halt nicht so, vereinbar. Daher arbeiten die meisten Schulen nur mit Genehmigung. Da gibt es dann halt so die Unterschiedlichsten Lösungen für die Prüfungen, da werden wir halt Kreativ – „lacht" – Die schulen legen großen wert darauf die Schüler auf Ausbildung oder Studium vorzubereiten, so gegen ende der Schulzeit. Aber das funktioniert gut. So ist die Frage Beantwortet?

I: Ja, vielen Dank. Kommen wir zur zweiten Frage: Aus welcher Motivation wurde der Verein gegründet?

B: Also es ging um Vernetzung, um Weiterentwicklung. – Wir wollten gemeinsam arbeiten und voneinander lernen. Es ist eine Art Selbsthilfe zur Professionalisierung der Arbeit. – Tja, und natürlich kann der Verein auch die Interessen aller vertreten. Hierzu können sie auch viel auf unserer Internetseite nachlesen. Ach ja die erste Alternativschule gründete sich in den 70er Jahren. Ende der 80er Jahre Gründete sich dann unser Verein. 1986 formulierten wir die Wuppertaler Thesen das war so ein naja so ein Grundstein. – Ja was noch, wir bieten Gründungsberatung, Fortbildungen, Fachtagungen halt für alle Alternativschulen in der Bundesrepublik, es sind viele bei uns Mitglied aber halt nicht alle. – haben sie noch eine Frage –

I: Ja, hab ich noch ein paar. Also die dritte Frage lautet: Gibt es im Verein Schulen die nach dem Model der Sudbury-Valley Schule arbeiten? Und wie Groß ist der Einfluss der Antipädagogik.

B: Ach ja sie haben sich ja mit diesem Model beschäftigt – Naja, hier herrscht nicht ein Konzept vor, die Gründungsinitiativen haben sich der unterschiedlichsten Modele bedient – Sudbury-Valley, Summerhill, Montessori und Waldorf- Pädagogik, auch die Thesen von Korczak und Negt sind Orientierungspunkte. Na ja da ergeben sich dann bunte Zusammenstellungen schlüssiger Konzeptionen. – Grundlegend kann man sagen es sind -ja- Schulen im Sozialraum die der Umwelt und dem Wandel unterliegen, es Entwickelt sich immer alles weiter. – Also dann mal zu ihrer Antipädagogik, – lacht laut – Natürlich spielte das in den 70er Jahren eine große Rolle, war so zu sagen der Auslöser für die Alternativschul-Bewegung. Heute ist es meist nur noch eine leichte Färbung, es gab bei den neu-Gründungen in den letzten Jahren das waren Schule am Amersee, neue Schule Hamburg und bei den 2 Berliner Schulen, eher den Trend sich an Sudbury-Valley zu orientieren. Da haben sie so zu sagen den Zahn der Zeit getroffen – lacht – Ja das ist wohl alles was ich hierzu sagen kann.

I: Dann kommen wir zur vierten Frage, Welche Ziele Verfolgt der Verein? Oh ich glaube das war schon etwas in der ersten Frage mit Beantwortet.

B: Na das macht ja nix, – Ja – Nochmal kurz Gesagt, der Verein will Unterstützen. Das gilt für Gründungsinitiativen und bestehende Schulen, so wie alle Interessierten. Die Weiterentwicklung und Fortbildung ist uns da auch sehr wichtig. Ja ich denke damit haben wir alles.

I: Ok, also Frage fünf, bis zu welchem Alter bzw. bis zu welchem Abschluss gehen die meisten Schulen?

B: Ja, also – mhh – es gibt mehr Grundschulplätze, das ist klar, weil damit beginnt man ja. Aber in den ganzen Jahrzehnten hat sich ein sehr dichtes Netz an Alternativschulen gebildet, das die Schüler bis zum Abschluss führt. Dafür haben viele Schulen Partnerschaften mit Staatlichen Schulen gebildet um den Schülern die Prüfungen zu ermöglichen. Also, – mhh – ich muss zugeben genaue Zahlen hab ich da jetzt nicht parat. Gehen wir doch zur nächsten Frage.

I: Klar, ja das ist dann – ach ja Frage sechs, Gibt es in den Schulen viele Aussteiger oder Quereinsteiger?

B: Also, von Aussteigern ist mir jetzt spezifisch nichts bekannt, natürlich gibt es die Kinder die nach Klasse 4 oder 6 ins klassische System wechseln. Und dann sind es bei uns ja auch alles normale Menschen, das heißt klar gibt es Schulabmeldungen aus Privaten Gründen, Umzug oder ähnliches. – Ja, Quereinsteiger da steigen die Zahlen zunehmend. – Ja, besonders nach der 5. Klasse, das ist dann immer eine Pädagogische Herausforderung. Diese Schüler benötigen bei der Eingewöhnung Spezielle Unterstützung, und es sind meist Schüler die im Klassischen System nur schwer zurecht kamen. – Tja – Aber das läuft ganz gut. – hustet –

I: Also, die siebte Frage, wie viele Schulen sind bei Ihnen Mitglied?

B: Ach je, – da hätte ich mich echt vorbereiten müssen. Ich muss zugeben das weiß ich auswendig nicht.

I: Das macht ja nix.

B: Das ist wohl war, das können Sie auf unserer Internetseite nachschauen. – Da sind alle gelistet, nach Bundesländern Sortiert. – Haben sie noch mehr Fragen?

I: Ja, noch vier. Kommen wir also zur achten Frage: Wie handhaben die Schulen die Deckung der Kosten?

B: Oh sehr gut darauf kann ich Antworten, – lacht – Da fang ich erst mal bei unserem Ärgernis an. Privatschulen erhalten vom Staat viel weniger Zuschüsse als Staatliche Schulen. Das ist auch von Bundesland zu Bundesland unterschiedlich, das sind zwischen 60 und 85 % dessen was die Staatlichen Schulen erhalten. Wir als Verein verfolgen das politische Ziel 100% zu bekommen, also Finanziell mit den Staatlichen Schulen gleichgestellt zu werden. – – Tja, den Rest aggregieren die Schulen dann aus Spenden und Elterngeldern. Da gibt es je nach Schule unterschiedliche Systeme, die einen haben ein pauschales Schulgeld, bei anderen ist es Einkommensabhängig und wieder andere lösen dies sehr Demokratisch. – – –

I: Wie genau sieht diese Demokratische Lösung den aus?

B: Ja das ist manchmal wohl sehr lustig, es gibt dann einmal pro Jahr eine große Versammlung an der alle teilnehmen. Da wird dann der Haushalt vorgestellt und gesagt was fehlt. Dann schreiben die Eltern einen Betrag auf das läuft Anonym, die Zettel werden ausgewertet und man sieht ob es reicht oder was noch fehlt. Das wird dann wiederholt bis die Summe hinkommt. – Ja, so läuft das dann. – Ja – –

I: Gut, dann sind wir bei der neunten Frage: Was genau bietet der Verein an? Oh ich glaube die Frage können wir streichen. Entschuldigung

B: Das macht doch nichts, sie Wissen ja das Programm ist groß und steht auf der Internet Seite.

I: Also Frage zehn: Welche Vorteile sehen Sie in der Demokratischen Bildung?

B: Oh je, das ist eine schwere Frage. – – Also ich denke das gute ist das jedes Kind nach seinem eigenem Tempo arbeiten kann und somit nicht in Stress gerät. Außerdem ist Demokratie ja was schönes, an das man die Kinder nicht früh genug heranführen kann. Tja, da merkt man das ich Geschäftsführer bin und nicht in den Schulen arbeite, ich hoffe das langt ihnen so.

I: Klar das ist gut so. Kommen wir zu der letzten Frage: Wie steht der Verein zur Inklusion, ist das diese an den Schulen Umsetzbar?

B: Ach schön, das ist absolut mein Thema im Moment, wir haben dem nächst einen Workshop zum Thema Inklusion und verschieden Veranstaltungen dazu geplant. – Ein ganzes Fortbildungsprogramm ist da im entstehen. Wir nehmen die EU-Behindertenrechtskonvention da sehr ernst, es ist uns ein echtes Anliegen hier eine Weiterentwicklung zu erreichen. – Grundlegend sind an unseren Mitgliedsschulen die Bedingungen für Inklusive Arbeit ja schon mal recht gut. Durch die individuellen Freiheiten die jedem Schüler gegeben werden ist die individuelle Förderung ja schon mal gegeben. Aber da wollen wir dranbleiben und das alles noch mehr Professionalisieren. Ich denke das wird gut. Tja, also leider muss ich jetzt gleich zu einem Termin.

I: Das ist schon ok, vielen Dank für das nette Interview und ihre zeit.

B: Ich würde ihre Thesis nach Abschluss gerne lesen, also wenn sie dann ihre Note haben und so.

I: Gerne, ich schicke ihnen dann eine PDF. Also nochmal vielen Dank.

Transkription Interview mit der Freien Schule Frankfurt

Dienstag den 24.11.2015 um 12Uhr bis 12.35Uhr

Vor dem Interview holte ich das Einverständnis des Gesprächspartners ein, das Interview aufzeichnen zu dürfen. Er wird im folgenden mit B. benannt.

I: Also Herr G. Zu beginn möchte ich mich erst mal bedanken, das sie sich die Zeit für das Interview nehmen. Meine erste Frage ist, wie schwierig war die Genehmigung der Schule?

B: Mhh, damals war ich noch nicht dabei, – das Thema kenne ich nur aus Erzählungen und Aufzeichnungen der Gründungsgruppe. Das ging wohl über das Gesetz unter der Begründung besondere Pädagogische Prägung, recht unkompliziert. –

I: Mhh, kommen wir zur zweiten Frage: Durch wen und aus welcher Motivation heraus wurde die Schule gegründet?

B: Ja, also das geht auf eine Elterninitiative zurück die 1967 einen der ersten Kinderläden gründete. – Diese Eltern entschlossen sich 1974 eine Freie-Schule zu gründen. – Treibende Kraft war damals Monika Seifert, sie brachte aus England Texte uns Erfahrungen von der Summer Hill Schule mit. Damit fing damals die Entwicklung des Schulkonzeptes an. – Motivation war es den zu Hause Frei erzogenen Kindern passende Betreuungs- und Schulplätze anzubieten. Da es unfair erschien die Kinder in das Klassische System zu Zwängen. – Ja, das ist die Entstehungsgeschichte in kürze, würde ich sagen.

I: Gut, danke. Dann kommen wir zur dritten Frage: Arbeitet ihre Schule mittlerweile auch nach dem Sudbury Valley Model?

B: Naja, es gab in all den Jahren immer wieder Weiterentwicklungen des Konzeptes, in verschiedenen Fortbildungen bildeten die Mitarbeiter sich weiter, setzten sich mit verschiedenen Reformpädagogischen Bildungsmodellen auseinander, also es gibt da eine viel zahl an Einflüssen die unsere heutige Konzeption prägten. – Ich hoffe das reicht ihnen als Antwort.

I: Ja, natürlich. Dann komme ich zur vierten Frage: Wie geht die Schule mit dem Hessischen Lehrplan um?

B: Also, da wir ja nur genehmigt sind unterliegen wir nicht in Gänze dem Hessischen Lehrplan. Unsere Schule ist eine Ersatzschule, und somit nur an die Richtlinien und Bildungsziele gebunden. – Daher sind wir auf dem Weg zu den Bildungszielen sehr frei. Tja, ich denke das ist es eigentlich, mm ja.

I: Schön, dann kommen wir zu der fünften Frage: Also mir ist aufgefallen das trotz des langen Bestehens der Schule endet sie nach der sechsten Klasse. Gibt es da Pläne zum Ausbau?

B: Nein, da haben wir uns aus verschiedenen Gründen dagegen entschieden. Zum einen würden wir dann enger an den Lehrplan gebunden also müssten für Abschlüsse sorge tragen. Dann ist unsere Schule ja recht klein und die meisten Kinder gehen 10 Jahre hier her. Da sehen wir das die Schülerinnen und Schüler, – naja wie soll ich sagen – mhh – die wachsen hier so raus und wollen dann Richtung 7. Klasse auch wechseln. - Ja -

I: Wie ist dieser Wechsel für die Kinder, wissen sie darüber etwas?

B: Ja, also wir arbeiten da mit ein paar Schulen zusammen, da können unsere Schüler vorher Hospitieren und sehen wie der Alltag da ist. Unsere Kinder wechseln auf Gesamtschulen und es gibt 2 Gymnasien mit denen eine solche Kooperation besteht. Es gab in der Vergangenheit auch Schulen die von unseren Schülern einen Einstufungstest forderten. Das lehnen wir ab, da der erste Kontakt mit dem Schulsystem dann eine Prüfungssituation wäre. – Das halten wir für ungünstig. – Naja mit dem bestehenden System läuft es gut, die Kinder gewöhnen sich innerhalb eines halben Jahres ein. – Ja so läuft das ganz gut. Ja

I: Ja, gut dann kommen wir zur sechsten Frage: Auf welche Schulformen wechseln, – em – ja das hatten wir jetzt ja schon. Entschuldigen sie bitte. Also Frage sieben: Wie viele Schüler besuchen Ihre Schule?

B: Mhh, ja also die Schule wird von 60 Kindern Besuch in der Altersstufe 6 Jahre bis 12 Jahren. Das ist dann von der ersten bis zur sechsten Klasse. Davor haben wir aber den „Kinderladen" also Kindertagesstätte für Kinder vom ersten Lebensjahr bis sechsten Lebensjahr. Die Schule ist übrigens ein Ganztagsangebot. – Mhh, tja ich denke das wars.

I: Na dann sind wir schon bei Frage acht: Was kostet der Schulbesuch?

B: Also, – das Schulgeld beträgt 90Euro pro Monat. Die Ganztagesbetreung wird wie in Frankfurt üblich Einkommensabhängig berechnet da fallen inkl. Essen von 110 Euro bis zu 293 Euro an, dazu dann halt noch das Schulgeld. – niest

I: Gesundheit.

B: Danke

I: Also dann wären wir bei Frage neun: Wie sieht die Elternarbeit bei ihnen aus?

B: Im Tagesablauf arbeiten keine Eltern. Aber es gibt alle 14 Tage das Plenum an dem alle Eltern und Mitarbeiter Teilnehmen, da wird alles entschieden und es wird auch immer wieder über die Pädagogik und Erziehung gesprochen. – – Ja wir erwarten das die Eltern hinter dem Konzept stehen. Und auch daheim Selbstregulation betreiben. – Also so ist das – halt. Ja – Haben sie sonst noch Fragen?

I: Ja noch zwei. Also die nächste Frage ist: Welche Vorteile sehen sie in der Demokratischen Bildung und wie steht die Schule zur Antipädagogik?

B: Also, das teile ich jetzt mal auf. Antipädagogik das fliest hier eigentlich nicht mit ein, das ist lange überholt würde ich sagen. Wir sprechen von Selbstregulation. – – Da gibt es ein schönes Beispiel, Nachbarn der Schule beispielsweise sind immer entsetzt wenn wir die Kinder im Winter ohne Jacke rauslassen. Da gab es schon Meldungen wegen Kindeswohlgefährdung. Zum Glück sind wir bei den Ämtern gut bekannt. Also das ist ein gutes Beispiel für Selbstregulation von Kindern, die holen sich ihre Jacke wenn ihnen kalt ist. – – So jetzt aber zur Demokratischen Bildung, da sehe ich viele Vorteile viele Kinder die in Regelschulen Probleme hätten, z.B. weil sie langsam arbeiten oder viel rumlaufen oder sich nur für Mathe interessieren und die ersten Jahre nicht lesen. Haben bei uns keine Schwierigkeiten, da hier jeder Selbstbestimmt lernen kann und Raum für sich hat. – – Da fällt mir noch ein schönes Beispiel ein, alle Kinder bei uns bekommen pro Tag einen Euro Taschengeld zur freien verfügung. Mit dem können sich sich in Geschäften was kaufen, das bringt zum einen Sozialraumerfahrung, – und so lernen die Kinder Rechnen. – Ja ich denke das ist es. – –

I: Ok dann sind wir bei der letzten Frage: Wie steht es bei ihnen mit der Umsetzung von Inklusion?

B: Ja das machen wir, wir haben recht häufig schon Kinder mit einer ADS oder ADHS Diagnose hier gehabt und auch schon Autisten. In einem der Häuser haben wir einen Aufzug und könnten dort auch Rollstuhlfahrer oder so aufnehmen. – Ja und es laufen auch Fortbildungen zu diesem Thema die wir besuchen um uns noch weiter mit dem Thema auseinander zu setzen. Grundlegen gibt dieses Freie Modell aber viel Freiraum zur Inklusion die Voraussetzungen sind sehr gut. – – Ja das ist es denke ich.

I: Vielen Dank für das Interview.